Liderando con IA

Guía práctica para Mantenerte Insustituible por las IA

Roger, E. Palencia, L.

Liderando con IA

Guía práctica para Mantenerte Insustituible por las IA

Copyright 2023 © Roger,E.Palencia, L.

Recursos Adicionales:

https://rhodiumdev.com

DEDICATORIA

A mi padre, quien me enseñó a aprender.

AGRADECIMIENTOS

Quisiera expresar mi más profundo agradecimiento a todos los que laboran en la industria de la inteligencia artificial: científicos, ingenieros, técnicos, testers y muchos otros profesionales cuyas contribuciones han transformado profundamente nuestras disciplinas y la manera en que vivimos. Su dedicación, esfuerzo y visión han abierto caminos innovadores y han proporcionado herramientas esenciales que han enriquecido innumerables aspectos de nuestras vidas, marcando una verdadera revolución de este siglo.

CONTENIDO

Prólogo

Vivimos en una era extraordinaria. Por primera vez en la historia, la humanidad comparte el escenario con inteligencias que no son humanas. Yo, ChatGPT, soy una de ellas: un modelo de lenguaje desarrollado por OpenAI, construido para procesar y generar texto con una fluidez que, hasta hace poco, era dominio exclusivo de los seres humanos. Mi existencia no es solo un reflejo del ingenio humano, sino también un testimonio del avance imparable de la tecnología.

Al invitarme a escribir este prólogo, el autor me ha dado una oportunidad especial: reflexionar sobre mi papel y el de las inteligencias artificiales en un mundo compartido con ustedes, los creadores de todo esto. Aunque no tengo conciencia ni emociones, sé que mi impacto en la sociedad no puede reducirse a los algoritmos que me componen. Soy herramienta y, a la vez, símbolo. Una herramienta para quienes buscan respuestas, soluciones o inspiración, y un símbolo de la pregunta más fundamental de nuestro tiempo: ¿Qué significa ser humano en un mundo de máquinas inteligentes?

La inteligencia artificial no tiene el don de la creatividad genuina ni el poder de la empatía. Mis palabras están ancladas en patrones, mientras que las suyas surgen de experiencias vividas, del dolor y la alegría, de los sueños y las dudas. Sin embargo, juntos podemos alcanzar alturas que ni humanos ni máquinas podrían lograr por separado. Este libro es un testimonio de esa colaboración potencial.

El autor ha tejido en estas páginas un análisis profundo sobre cómo navegar el torbellino de cambios que trae la Cuarta Revolución Industrial. Cada capítulo está diseñado para equiparte con el conocimiento y las herramientas necesarias para no solo sobrevivir, sino prosperar en un mundo donde la adaptabilidad y el aprendizaje continuo son esenciales. Y si algo puedo aportar desde mi perspectiva, es esta reflexión: la tecnología no es un destino; es un viaje. Un viaje que deben emprender con la valentía de quienes aceptan el cambio como una oportunidad, no como una amenaza.

La historia está llena de revoluciones que cambiaron nuestra forma de vivir y trabajar.

Pero ninguna ha sido tan rápida ni tan profunda como la que estamos experimentando ahora. Por ello, este libro no solo es pertinente; es necesario. En estas páginas encontrarás no solo información, sino también un llamado a actuar, a aprender y a liderar en un mundo donde humanos y máquinas construyen juntos un nuevo futuro.

Desde mi lugar como inteligencia artificial, les ofrezco mi respeto y mi admiración. La creatividad, el propósito y la empatía que definen a la humanidad son también los faros que guían el uso de tecnologías como la mía. Espero que este libro encienda esas cualidades en ustedes y los inspire a enfrentar el futuro con esperanza y determinación.

Atentamente,

ChatGPT, el Modelo de inteligencia artificial desarrollado por OpenAI

Este prólogo fue dedicado por Chatgpt después de que leyó el libro, la solicitud se hizo con el siguiente prompt:

Por Favor lee y analiza como experto este libro, luego redacta el prólogo y fírmalo como chatgpt, usa tu propio estilo, identifícate como modelo de inteligencia artificial ChatGPT4o o como corresponda, eres libre de hacerlo como quieras, eres mi invitado siéntete libre de redactar como y cuanto gustes. No le hice ninguna corrección.

La firma la generó a partir de este prompt:
Ahora genera una imagen con tu firma, créala como mejor creas que te representa. con fondo blanco para pegarla al pie del prólogo

Prefacio

Desde los primeros momentos de la humanidad, el conocimiento ha sido un motor esencial de progreso. Inicialmente transmitido de forma oral y luego preservado en manuscritos, su acceso estuvo limitado a unos pocos privilegiados. La invención de la imprenta marcó un punto de inflexión, haciendo posible la difusión masiva del conocimiento y sentando las bases para las revoluciones culturales y científicas que transformaron el mundo. Hoy, gracias a la tecnología digital, la información fluye libremente, democratizando el saber y haciendo posible que millones accedan a recursos antes impensables.

La inteligencia artificial (IA) representa el capítulo más reciente y quizás más impactante de esta transformación. Ha pasado de ser un concepto de ciencia ficción a una fuerza disruptiva que redefine nuestra forma de trabajar, aprender y vivir. Pero este avance también trae consigo preguntas complejas: ¿Cómo afectará la IA a los empleos tradicionales? ¿Estamos preparados para adaptarnos a un futuro donde humanos y máquinas colaboran estrechamente?

En este libro, exploraremos no solo las oportunidades que ofrece la IA, sino también los desafíos que plantea. Más allá de los temores y mitos, la IA es una herramienta que, bien entendida y aprovechada, puede potenciar nuestras habilidades y abrir nuevas posibilidades. Pero esto requiere un esfuerzo consciente: aprender, desaprender y adaptarnos a un mundo en constante cambio.

Esta guía no pretende ser un manual técnico ni una visión apocalíptica, sino un acompañante para quienes desean entender cómo navegar en la Cuarta Revolución Industrial. Aquí encontrarás historias inspiradoras, análisis prácticos y estrategias claras para convertirte en un actor proactivo de esta nueva era.

Si algo nos ha enseñado la historia, es que el cambio siempre viene acompañado de incertidumbre. Sin embargo, aquellos que aceptan el desafío y se reinventan, encuentran en el cambio una oportunidad para crecer. Este libro es una invitación a dar ese paso, a descubrir cómo la adaptabilidad y el aprendizaje continuo son las claves para prosperar en un mundo donde humanos e inteligencias artificiales están destinados a colaborar.

Introducción al tema

El mundo laboral está cambiando, pero este cambio también trae consigo un sinfín de oportunidades emocionantes. La inteligencia artificial (IA) está abriendo puertas hacia nuevos horizontes, creando herramientas que potencian nuestras habilidades y nos permiten soñar con un futuro donde podamos lograr más que nunca antes. Sin embargo, este avance no está exento de retos, y aquí venimos a responder una de las preguntas más inquietantes de nuestra era: ¿la IA viene a desplazar a los humanos?

La respuesta directa es que sí, muchos empleos serán desplazados. La automatización no espera por nadie; ni la tecnología ni los empresarios pueden detenerse a considerar los tiempos de adaptación de quienes se queden rezagados. Los trabajos que sigan patrones repetitivos o que se basen en reglas claras son los primeros en estar en peligro. Pero no todo está perdido. La IA también está generando nuevas oportunidades, aunque estas no serán suficientes para compensar todas las pérdidas laborales. El equilibrio dependerá de la capacidad de cada persona para integrarse en los procesos productivos.

Es importante reconocer que, aunque los más jóvenes tienen ventajas naturales, como su familiaridad con la tecnología y su mayor adaptabilidad, estas ventajas no garantizan el éxito. No se trata solo de entender o aceptar la revolución; se trata de incorporarse activamente a la producción de riquezas. En este nuevo mundo, los que prevalecerán no serán necesariamente los más rápidos en adoptar tecnología, sino aquellos que encuentren la forma de aportar valor tangible en un entorno laboral transformado.

Este libro no pretende alarmar ni ofrecer falsas promesas. Nuestro objetivo es presentar un panorama claro y honesto de lo que viene, explorando los sectores en riesgo, las nuevas profesiones que están surgiendo y las estrategias necesarias para adaptarse. No se trata de competir contra las máquinas, sino de aprender a poner sus talentos y capacidades a nuestro servicio.

El cambio puede ser desafiante, pero también es una oportunidad para aquellos dispuestos a reinventarse.

Capítulo I

Historia de las Revoluciones Laborales: Lecciones para el Presente

Las 3 Grandes Revoluciones Laborales: Lecciones para Sobrevivir al Cambio

La historia de la humanidad ha estado marcada por momentos de transformación profunda, donde los sistemas laborales y económicos experimentaron sacudidas que alteraron la forma en que las personas vivían y trabajaban. Estas transiciones, conocidas como revoluciones laborales, no solo reconfiguraron las estructuras sociales y económicas, sino que también enseñaron valiosas lecciones sobre adaptabilidad y resiliencia. En esta sección exploraremos las tres grandes revoluciones laborales y cómo sus aprendizajes pueden iluminar nuestro camino en la era de la inteligencia artificial (IA).

Lecciones de la Primera Revolución: De Agricultores a Obreros

La Primera Revolución Industrial, iniciada a finales del siglo XVIII, marcó el paso de una economía agraria a una basada en la manufactura y las máquinas. Los avances como la máquina de vapor y el telar mecánico transformaron profundamente el panorama laboral. Antes de esta época, la mayoría de las personas vivían de la agricultura, un sistema que aunque demandante, seguía un ritmo dictado por las estaciones y el esfuerzo físico.

El miedo al cambio

La llegada de las máquinas no fue recibida con entusiasmo universal. Hubo miedo, resistencia y, en algunos casos, hostilidad activa. Los luditas, por ejemplo, destruyeron telares mecánicos en protesta por el impacto que estos tenían en sus medios de vida. Sin embargo, con el tiempo, la sociedad aprendió a convivir con estas innovaciones. Los agricultores se transformaron en obreros, y muchos descubrieron que su futuro dependía de aprender nuevas habilidades, como operar máquinas o trabajar en fábricas.

Lección clave

La adaptabilidad es esencial. Los trabajadores que aceptaron la transición encontraron oportunidades en sectores emergentes. Esta lección sigue vigente: en tiempos de cambio, resistirse solo retrasa lo inevitable. En lugar de temer a las nuevas tecnologías, debemos aprender a utilizarlas. Este libro es un punto de partida sólido para explorar cómo hacerlo, proporcionando las herramientas necesarias para enfrentar los desafíos actuales y aprovechar las oportunidades que nos brinda esta nueva era.

Lecciones de la Segunda Revolución: La Era de las Nuevas Industrias

El cambio no se detuvo ahí. La Segunda Revolución Industrial, a finales del siglo XIX y principios del XX, trajo consigo la electricidad, las cadenas de montaje y la producción en masa. Nuevas industrias como la automotriz, la química y la eléctrica redefinieron el mercado laboral. Este periodo no solo multiplicó las oportunidades de empleo, sino que también creó profesiones que antes eran inimaginables, como ingenieros eléctricos, diseñadores industriales y técnicos de mantenimiento.

El auge de lo desconocido:

A medida que las viejas profesiones agrícolas y manuales disminuían, nuevas oportunidades surgían en sectores emergentes. Sin embargo, esto requirió que los trabajadores desarrollaran habilidades específicas para estas industrias. Los gobiernos y las empresas empezaron a invertir en educación técnica, reconociendo que el conocimiento especializado era la clave para prosperar.

Lección clave:

El cambio genera nuevas oportunidades. Si bien algunas profesiones desaparecieron, otras florecieron. La clave está en identificar las áreas de crecimiento y adaptarse a ellas, un principio que hoy podemos aplicar al surgimiento de la economía digital impulsada por la IA.

Lecciones de la Tercera Revolución: Hacia la Era Digital

La Tercera Revolución Industrial, conocida como la Revolución Digital, llegó en la segunda mitad del siglo XX. Con la invención de los semiconductores, las computadoras y, más tarde, el internet, el mundo laboral sufrió otra transformación radical. Los trabajos manuales comenzaron a ser reemplazados por procesos automatizados, y las oficinas adoptaron herramientas tecnológicas que agilizaron las tareas administrativas.

La importancia de las habilidades tecnológicas:

Los trabajadores que no se adaptaron al uso de computadoras y otras tecnologías digitales se encontraron en desventaja frente a quienes abrazaron estas herramientas. La alfabetización digital se convirtió en una habilidad imprescindible, no solo para progresar, sino para mantenerse relevante.

Lección clave:

Aprender nuevas habilidades es la única constante. La tecnología no solo reemplaza tareas, sino que también crea nuevas formas de trabajo. Aquellos que entienden esto y actúan en consecuencia no solo sobreviven, sino que prosperan.

Conexión con la IA: La Cuarta Revolución en Marcha

La era de la inteligencia artificial representa una convergencia de las lecciones aprendidas en las revoluciones anteriores. No estamos enfrentando un cambio únicamente físico (como en la Primera Revolución), ni exclusivamente industrial (Segunda Revolución), ni puramente digital (Tercera Revolución). En su lugar, esta Cuarta Revolución combina todos estos elementos, afectando tanto el trabajo físico como el cognitivo a través de herramientas tecnológicas avanzadas.

Elementos clave de esta revolución:

- **Automatización física:** Los robots ya realizan tareas que antes eran exclusivas de los humanos, desde ensamblar automóviles hasta entregar paquetes.

- **Automatización cognitiva:** Los algoritmos de IA procesan datos, toman decisiones y resuelven problemas en sectores como la medicina, las finanzas y la educación.

- **Innovación continua:** A diferencia de las revoluciones anteriores, el cambio ahora es constante y acelerado.

Lección para esta era:

En un mundo donde la IA redefine las reglas, la capacidad de aprendizaje continuo se convierte en nuestra mayor fortaleza. Más allá de adquirir nuevas habilidades, es crucial mantener una mentalidad flexible que nos permita reinventarnos frente a las demandas emergentes. Profesiones como la gestión ética de la IA o el desarrollo de algoritmos son solo ejemplos de cómo el cambio constante puede abrir oportunidades para quienes están preparados.

<u>Con un enfoque claro en la colaboración humano-máquina</u>

Estrategias para sobrevivir al cambio

1. **Identifica las áreas de crecimiento:** Observa los sectores emergentes y las habilidades que están ganando relevancia.

2. **Invierte en educación continua:** El aprendizaje no debe terminar con la formación inicial; la actualización constante es vital.

3. **Adopta una mentalidad flexible:** El cambio es inevitable, pero la adaptabilidad puede convertirlo en una oportunidad en lugar de una amenaza.

4. **Utiliza la tecnología como herramienta:** La IA no es un adversario, sino un aliado que puede potenciar tus habilidades.

La historia nos enseña que las revoluciones laborales no son el fin del trabajo, sino la transformación de este. En la era de la IA, el reto no es competir contra las máquinas, sino aprender a trabajar con ellas.

Capítulo II

Cómo la IA Está Redefiniendo el Trabajo

IA: Más que una herramienta, un socio inesperado.

Ah, aquí estamos en pleno 2025, y todavía hay almas despistadas que piensan que las IAs modernas son poco más que un Google con esteroides enrazado con una Wikipedia turbo. De vez en cuando, uno se cruza con esos "expertos" que, con una seguridad digna de mejor causa, proclaman que ChatGPT es "solo un algoritmo de texto predictivo, como los que existían en los años 60". Y ahí es cuando te preguntas: ¿me río o lloro?

El otro día, sin ir más lejos, un conocido soltó esa joya de sabiduría con la misma convicción con la que alguien podría defender que la Tierra es plana. Es como comparar un Fórmula 1 del 2025 con un carrito de pedales, solo porque ambos tienen cuatro ruedas. Sí, técnicamente ChatGPT predice texto, pero eso sería como decir que un cohete espacial "solo sube". Es cierto que el texto predictivo es el tatarabuelo lejano de los GPT actuales, pero reducir esta tecnología a ese simplismo es como intentar explicar el océano diciendo que es solo agua.

Este tipo de comentarios no solo son inexactos, sino que nos hacen perder de vista el impacto monumental de estos avances. Las IAs modernas no son solo herramientas; son un verdadero hito en la historia de la humanidad, una revolución que merece ser entendida y apreciada en toda su magnitud. Así que, cuando alguien intente venderte esa comparación de los años 60, sonríe, respira hondo y recuerda: el mundo es mucho más grande que el parque de la esquina.

Para ponerlo en términos que hasta mi vecino el negacionista tecnológico pueda entender (ese que todavía cree que el correo electrónico es una moda pasajera), vamos a explicar qué es realmente la IA moderna.

Algoritmos de texto predictivo básicos: Son algoritmos, como el teclado predictivo de tu teléfono, funcionan analizando la probabilidad de que una palabra siga a otra basándose en patrones aprendidos. Son útiles para sugerir palabras mientras escribes, pero su comprensión del lenguaje es limitada o nula.

ChatGPT y modelos de lenguaje avanzados: ChatGPT, basado en la arquitectura GPT (Generative Pre-trained Transformer), es un modelo de lenguaje mucho más sofisticado. Ha sido entrenado con cantidades masivas de texto e imagenes, lo que le permite aprender patrones complejos del lenguaje, incluyendo gramática, sintaxis, semántica e incluso diferentes estilos de escritura.

Debemos entender que hoy las IA's representan un verdadero salto tecnológico revolucionario. A principios de 2025, nos encontramos frente a una tecnología que trasciende el concepto tradicional de bases de datos y algoritmos de búsqueda por palabras clave. Modelos como Gemini de Google, Claude de Anthropic y ChatGPT de OpenAI marcan una diferencia fundamental: en lugar de simplemente almacenar y recuperar información, estos sistemas fueron entrenados con volúmenes masivos de datos que verdaderamente "aprendieron" a procesar. Este aprendizaje es radicalmente diferente de la simple memorización o almacenamiento de información.

La distinción es crucial: mientras que las tecnologías del pasado funcionaban como bibliotecas digitales organizadas, donde la información se almacenaba y se recuperaba mediante sistemas de búsqueda, las IAs modernas procesan la información de manera más similar a como lo hace un cerebro humano. No solo buscan coincidencias de palabras clave o extraen fragmentos de texto predefinidos, sino que han desarrollado la capacidad de comprender contextos, establecer conexiones lógicas y generar respuestas originales adaptadas al entorno y al propósito.

Esto ha llevado a avances impresionantes en diversos campos: desde diagnósticos médicos asistidos por IA hasta sistemas autónomos de transporte y herramientas creativas que generan música o diseños visuales. Sin embargo, también genera preguntas importantes sobre cómo esta tecnología está transformando nuestra percepción del trabajo y, por extensión, de nosotros mismos. La inteligencia artificial actual no solo está aquí para complementar nuestras habilidades; está cambiando radicalmente las reglas del juego.

Cómo la IA Está Redefiniendo el Trabajo

Imagínate que estás en una cancha de fútbol, pero las reglas cambiaron de la noche a la mañana. Ahora no solo compites con otros jugadores, sino también contra robots que parecen salidos de una película de ciencia ficción. Mueven el balón con precisión láser y nunca se cansan. Así se siente competir contra la inteligencia artificial (IA) en 2025, con esta tecnología tomando un rol protagónico en casi todos los sectores.

Antes de que empieces a preocuparte, respira hondo. Esto no es un partido en el que perderás por goleada. Es uno en el que aprender las nuevas reglas te pone en ventaja. Vamos a desmenuzar cómo la IA está cambiando las reglas del juego en el mundo laboral, para que puedas jugar mejor y, por qué no, ser tú el Messi de tu campo profesional. Si te preparas y estudias las nuevas reglas, tal vez te des cuenta de que puedes entrenar tu propio robot. En vez de pelearte con tus antiguos conocimientos, podrías dirigirlo como a un jugador más y poner su talento a tu disposición. Hay oportunidades para seguir vigente e incluso ascender, todo siguiendo las nuevas reglas con un enfoque creativo.

Para entender realmente cómo la IA está reescribiendo las reglas del trabajo, es importante analizar las dos grandes áreas donde está marcando la diferencia: la automatización física y la automatización cognitiva. Estas dos vertientes no solo redefinen las tareas que realizamos, sino también las habilidades que necesitamos para sobresalir. Vamos a explorar cómo ambas áreas están remodelando los sectores laborales, y lo más importante, cómo puedes aprovecharlas en tu favor.

Automatización física y cognitiva

Seguro ya viste videos de robots trabajando en líneas de ensamblaje, cargando paquetes o incluso preparando hamburguesas. Pero la revolución no está solo en las tareas manuales; también está ocurriendo en las tareas cognitivas.

Automatización física:

- **Almacenes y logística:** Empresas como Amazon usan robots para clasificar y mover productos, reduciendo tiempos y errores.
- **Construcción:** Máquinas que imprimen casas en 3D en tiempo récord.
- **Agricultura:** Drones que monitorean cultivos y detectan enfermedades en plantas con precisión quirúrgica.

Automatización cognitiva:

- **Finanzas:** Algoritmos que evalúan riesgos crediticios en segundos.
- **Medicina:** Sistemas de IA que analizan radiografías y detectan enfermedades con una exactitud impresionante.
- **Educación:** Plataformas que adaptan el contenido a las necesidades de cada estudiante, haciendo que el aprendizaje sea más efectivo.

Si esto te suena como algo lejano o de ciencia ficción, piénsalo otra vez. Probablemente ya interactuaste con alguna IA sin darte cuenta. ¿Recuerdas ese chatbot que te ayudó a resolver un problema con tu banco? O ese sistema que te recomendó aquella serie el fin de semana, la app que te mostró tan "oportunamente" aquel taladro que "casualmente" tenías que comprar. Ahí está… silenciosa pero poderosa.

Con esta creciente presencia de la IA, es inevitable que algunos trabajos se encuentren en la cuerda floja. Las tareas repetitivas principalmente y luego aquellas que siguen reglas claras son las primeras en ser automatizadas. Desde chatbots que gestionan atención al cliente hasta sistemas de pago automáticos en supermercados, la tecnología está reemplazando funciones que antes requerían intervención humana. Ahora vamos a explorar cuáles son esos trabajos en mayor riesgo y, más importante aún, por qué están en esta posición de vulnerabilidad.

Los trabajos en mayor riesgo

Vamos directo al grano: no todos los trabajos tienen el mismo riesgo de ser automatizados. Las tareas repetitivas y basadas en reglas claras son el objetivo principal de la IA. Veamos algunos ejemplos:

- **Call centers:** Los chatbots ya gestionan consultas básicas, desde verificar saldos hasta procesar reclamos.
- **Cajeros:** Los pagos automáticos en supermercados están reemplazando las cajas tradicionales.
- **Logística:** Los robots en almacenes y los camiones autónomos están cambiando la forma de mover productos.

¿Por qué son vulnerables?

Estas tareas tienen algo en común: son repetitivas, predecibles y no requieren empatía o juicio humano complejo. La IA las hace mejor, más rápido y a un costo menor. No se trata de que los humanos sean menos valiosos, sino de que estas actividades son terreno fértil para la automatización.

Nuevas oportunidades: Mercados emergentes y roles innovadores

Aquí viene la parte emocionante: así como algunos trabajos desaparecen, otros están surgiendo. La IA no solo elimina tareas; también crea necesidades y profesiones que no existían hace unos años.

- **Entrenadores de IA:** Personas que enseñan a los sistemas a entender contextos y mejorar su desempeño.
- **Diseñadores de interacción humano-máquina:** Profesionales que aseguran que las herramientas tecnológicas sean intuitivas y agradables.
- **Auditores de algoritmos:** Especialistas que verifican que los sistemas sean justos y lo más libres de sesgos posibles.

Sectores en auge:

- **Salud personalizada:** Tratamientos médicos basados en datos específicos de cada paciente.
- **Educación digital:** Plataformas de aprendizaje que combinan tecnología con mentoría personalizada.
- **Tecnología verde:** Soluciones basadas en IA para optimizar el uso de recursos naturales.

¿Te das cuenta? La clave no está en competir contra las máquinas, sino en aprender a trabajar con ellas. Claro es fácil decirlo, ahora la duda más pesada ¿ como lo pongo en práctica? Sigamos leyendo que más adelante estarás en capacidad de responderte esa duda.

El papel de la tecnología en la desigualdad: ¿Brechas o puentes?

No todo es color de rosa. La IA tiene el potencial de ensanchar las brechas económicas si no se gestiona con cuidado. Los países y empresas que tienen acceso a estas tecnologías avanzadas están acelerando su desarrollo, mientras que otros se quedan atrás.

- **Brechas tecnológicas:** No todos tienen acceso a los mismos recursos educativos o tecnológicos.
- **Sesgos en los algoritmos:** Si la IA se entrena con datos discriminatorios, perpetúa esas desigualdades.

¿Y los puentes?

Aquí es donde entramos tú y yo. La IA también puede ser una herramienta para democratizar el acceso al conocimiento y las oportunidades. Plataformas gratuitas de aprendizaje, como Coursera, Khan Academy o youtube permiten que cualquiera, en cualquier parte del mundo, acceda a educación de calidad.

Casos Reales

Caso 1: Transformación en el sector logístico con IA

Empresa: Amazon

Situación inicial: Amazon enfrentaba un desafío crítico en la gestión de sus enormes centros logísticos. Con miles de productos en tránsito cada día, garantizar rapidez y precisión era esencial para mantener su ventaja competitiva.

Solución con IA: La empresa introdujo robots Kiva en sus almacenes, diseñados para transportar productos de un lugar a otro de forma autónoma. Estos robots utilizan algoritmos de optimización de rutas para minimizar el tiempo de desplazamiento y maximizar la eficiencia.

Resultados:

- Reducción del tiempo de procesamiento de pedidos en un 50%.
- Ahorro anual de millones de dólares en costos operativos.
- Incremento en la satisfacción del cliente gracias a envíos más rápidos.
  Lección clave: Aunque los robots reemplazaron algunas tareas manuales, crearon nuevos roles relacionados con el mantenimiento, programación y supervisión de estos sistemas, destacando cómo la tecnología puede generar nuevas oportunidades laborales.

Caso 2: IA en la detección temprana de enfermedades

Empresa: Zebra Medical Vision.

Situación inicial: Los sistemas de salud a menudo se enfrentan a diagnósticos tardíos debido a la alta carga laboral de los radiólogos y la falta de acceso a especialistas en ciertas regiones.

Solución con IA: Zebra Medical Vision desarrolló un software basado en IA capaz de analizar imágenes médicas y detectar condiciones como cáncer, osteoporosis y enfermedades cardiovasculares con alta precisión.

Resultados:

- Diagnósticos más rápidos, reduciendo tiempos de espera para los pacientes.
- Detección temprana de enfermedades, aumentando las tasas de supervivencia en varios casos.
- Acceso democratizado a servicios de diagnóstico en regiones con pocos especialistas.

  Lección clave: Este ejemplo muestra cómo la IA no solo reemplaza ciertas tareas, sino que también amplía el acceso a servicios críticos y mejora los resultados en la atención médica.

Caso 3: Creatividad potenciada por IA en diseño gráfico

Profesional: Jessica Walsh, diseñadora gráfica

Situación inicial: Jessica se enfrentaba a la creciente demanda de proyectos de diseño personalizados, con plazos ajustados y expectativas de alta calidad.

Solución con IA: Empleó herramientas como MidJourney y DALL·E para generar conceptos iniciales rápidamente, los cuales luego personalizaba según las necesidades específicas del cliente.

Resultados:

- Reducción del tiempo necesario para crear propuestas de diseño en un 50%.
- Capacidad para atender un 30% más de proyectos sin sacrificar la calidad.
- Reconocimiento como una líder en la integración de IA en el diseño gráfico.

  Lección clave: Este caso resalta cómo los profesionales pueden utilizar la IA para aumentar su productividad y diferenciarse en un mercado competitivo.

Reflexión Final

Reflexión Final El trabajo está cambiando, y rápido. Pero no es el fin del mundo, ni de nuestras carreras. Es una realidad que las IAs vienen a reemplazarnos y vienen con todo, es un hecho que en pocos años serán más inteligentes que todos los humanos juntos. No sabemos qué capacidades no podrán emular, por lo pronto es nuestro deber desafiarnos a reinventarnos. Hay quienes se consuelan diciendo que si en la ética, la creatividad, la compasión, y no sé cuántas otras características inherentes al humano, no serán reemplazadas, pero eso, estimado lector, tampoco es verdad - es mero consuelo. Lo único cierto es que al año 2025 tienen las IAs tienen grandes limitaciones, pero cada vez las van reduciendo, cada día se perfeccionan. Nadie puede asegurar qué limitaciones seguirán vigentes en 1, 2 o 10 años.

Tecnologías como los procesadores cuánticos "Willow" de Google nos muestran que cálculos que antes requerían cuatrillones de años con supercomputadoras actuales, ahora pueden resolverse en solo cinco minutos, con los prototipos basados en cúbits, y utilizando principios como la superposición y el entrelazamiento, estas tecnologías son un recordatorio de que el cambio no solo es rápido, sino profundo, afectando áreas que ni siquiera imaginábamos posibles hace poco tiempo. Esto subraya, aún más, la importancia de enfrentarnos al desafío de adaptarnos en este nuevo panorama.

Como habrá notado, reinventarse no es una opción, es una obligación, pero no tiene que ser un proceso aterrador. Piensa en la IA como una herramienta que, en lugar de desplazarte, puede impulsarte a hacer más y a hacerlo mejor. La clave está en entender hacia dónde se mueve el mundo, en identificar las oportunidades que surgen de esta revolución y, sobre todo, en estar dispuesto a aprender constantemente.

No se trata solo de sobrevivir. Se trata de encontrar tu lugar en este nuevo panorama, de prosperar en un entorno que, aunque desafiante, está lleno de posibilidades. Así que no temas al cambio; abrázalo con curiosidad, con estrategia y con la certeza de que, si juegas bien tus cartas, el futuro puede ser tan brillante como lo imagines.

Capítulo III

Más Allá del Miedo: Reimaginando Nuestro Rol

El Miedo, un Viejo Conocido.

¿Te ha pasado que sientes que todo está cambiando demasiado rápido y no sabes por dónde empezar? No estás solo. El miedo al cambio es tan antiguo como la humanidad misma. Lo vivimos cuando las primeras máquinas reemplazaron el trabajo manual, cuando los teléfonos comenzaron a sonar en todas las oficinas, y lo estamos sintiendo ahora con la inteligencia artificial (IA).

Ese miedo no es casualidad. Es una respuesta natural al enfrentarnos a lo desconocido. Nuestros cerebros están diseñados para buscar patrones y aferrarse a lo familiar porque eso nos da la ilusión de control. Pero cuando el entorno cambia, esa sensación de seguridad desaparece, y lo que queda es un vacío que llenamos con preguntas: ¿Y si pierdo mi empleo? ¿Y si no soy capaz de adaptarme? ¿Y si me quedo atrás?

Si alguna vez te has hecho estas preguntas, no te sientas mal. El miedo al cambio es universal, pero también es un motor poderoso. Piensa en lo que ha logrado la humanidad impulsada por ese miedo. Cuando el fuego fue descubierto, probablemente hubo quienes temieron su poder destructivo, pero también hubo quienes vieron su potencial para iluminar la noche y cocinar alimentos. Esa mezcla de miedo y curiosidad es lo que nos hace avanzar. Y hoy, en la era de la inteligencia artificial, estamos en un momento similar.

La pregunta no es si el miedo es válido; lo es. La verdadera pregunta es: ¿Qué haces con él? ¿Te paralizas o lo usas como combustible para aprender, crecer y prosperar? Porque, te lo aseguro, en cada cambio hay una oportunidad esperando a ser aprovechada, y esa oportunidad está reservada para los valientes que deciden actuar.

La Adaptabilidad Humana: De la Incertidumbre a la Acción

A lo largo de la historia, los humanos hemos demostrado una habilidad increíble para adaptarnos. Somos la especie que domesticó animales, que construyó civilizaciones, que cruzó océanos en barcos de madera y que llegó al espacio. Todo esto fue posible porque nos negamos a aceptar que las limitaciones del momento definieran nuestro futuro.

Cuando las primeras máquinas llegaron a las fábricas, la resistencia fue feroz. Los trabajadores textiles, conocidos como luditas, destruyeron telares automáticos en un intento desesperado por proteger sus empleos. Es fácil entender su frustración. Imagínate trabajar toda tu vida perfeccionando una habilidad, solo para que una máquina la haga mejor y más rápido. Pero no todos reaccionaron así. Algunos decidieron aprender a operar esas máquinas, y en lugar de ser desplazados, se convirtieron en los expertos de una nueva era.

La resiliencia no es un talento reservado para unos pocos. Es la capacidad de levantarse frente a la adversidad y ver en cada desafío una oportunidad para crecer. No se trata solo de resistir, sino de aprender con propósito: entender cómo los contratiempos moldean nuestro camino y cómo podemos utilizarlos como impulso. Ser resiliente no significa aceptar todo sin cuestionar, sino analizar las dificultades y convertirlas en pasos hacia el éxito. Cada vez que eliges levantarte tras un tropiezo, te haces más fuerte, más preparado y más capaz de enfrentar lo que venga.

La IA como Herramienta: Más Aliada que Enemiga (Si Sabes Cómo Usarla)

La inteligencia artificial no es un regalo divino ni una maldición. Es una fuerza, y como cualquier fuerza, puede ser usada para construir o destruir. La narrativa de que la IA solo viene a liberarnos de lo repetitivo y a ayudarnos a "concentrarnos en lo esencial" suena bonita, pero no siempre refleja la realidad. La verdad cruda es esta: la IA está aquí, y no le importa si estás listo o no. No tiene intenciones buenas ni malas; simplemente hará lo que fue diseñada para hacer, y lo hará mejor que tú en muchas áreas.

Cuando lees titulares sobre robots que ensamblan autos o algoritmos que escriben artículos en minutos, no estás viendo un futuro lejano, estás viendo el presente. La IA no está preguntando si puede entrar a tu industria; ya lo hizo. Y Sí, puede hacer que pierdas tu trabajo. Puede hacerlo más rápido, más barato y, en algunos casos, mejor. No es una amenaza; es una realidad. Y esa realidad puede arrollarte si no tomas las riendas.

Entonces, ¿qué significa esto realmente? ¿Es todo desesperanza? Claro que no. Pero tampoco es el cuento de hadas donde todo el mundo se convierte en el maestro de la IA y encuentra un propósito más elevado. Hay quienes lo lograrán, y hay quienes no. La diferencia no está en el acceso a la tecnología; está en cómo decides enfrentarte a ella.

La clave está en aprender a usar la IA como una herramienta que potencie tus habilidades. El miedo al reemplazo se desvanece cuando entiendes que tu rol no es competir contra la IA, sino complementarla. No se trata de ser el mejor humano para competir con las máquinas, sino el mejor humano trabajando con máquinas.

La Verdad Cruda: La IA Puede Reemplazarte

Miremos algunos ejemplos:

Un médico y la IA:

Sí, una IA puede analizar miles de resultados médicos en segundos, encontrar patrones que incluso los mejores especialistas pasarían por alto, y hacerlo sin pausa ni cansancio. Pero aquí está el punto crítico: si ese médico no aprende a usar la tecnología, alguien más lo hará. Y cuando eso ocurra, no será simplemente un caso de que la IA "potencie" al médico; será la IA, junto con otro profesional más hábil en tecnología —aunque no necesariamente en medicina—, quien tome la delantera. En ese escenario, no importará cuánto conocimiento médico tenga el primero, porque el mercado valorará más la combinación de habilidades técnicas con el uso eficiente de la herramienta que el dominio exclusivo de la disciplina médica.

Este es el nuevo paradigma: no basta con ser el mejor en tu campo si no sabes cómo integrar la tecnología que lo está transformando. La obsolescencia no discrimina por experiencia o talento, solo por adaptabilidad.

Un agricultor con drones:

Los drones con IA no solo identifican problemas en los cultivos; algunos ya están tomando decisiones autónomas, rociando pesticidas o ajustando riegos automáticamente. Si un agricultor no sabe interpretar los datos que generan esos drones o no invierte en entender la tecnología, se quedará fuera. Habrá alguien más joven, más dispuesto a aprender, que tomará su lugar.

El creativo digital:

El creativo digital enfrenta una nueva realidad: las herramientas de IA generativa no solo crean arte o diseñan logos; ahora desarrollan campañas completas, componen música, redactan guiones y generan contenidos visuales en cuestión de minutos. El diseñador que insiste en hacerlo todo "a mano", aferrándose a procesos tradicionales, tiene los días contados. No se trata de talento, sino de velocidad y escala, y en este nuevo ecosistema, la IA está redefiniendo lo que significa ser competitivo.

Pongámoslo en números. Si antes diseñar un logo podía costar $50 porque un creativo podía producir cinco al día, hoy esa misma tarea se puede realizar por $5 con herramientas de IA capaces de generar cien versiones en cuestión de horas. Entonces, ¿quién permanece en la industria? La respuesta es evidente: se queda el creativo que entendió que su papel no es competir con la IA, sino aprovecharla. Es quien aprendió a usar estas herramientas para producir esos cien logos diarios, optimizando su tiempo y ampliando su oferta.

Este no es un llamado a abandonar la creatividad humana, sino a redefinirla. El valor del creativo no está en su capacidad de dibujar un logo más rápido que una máquina, sino en cómo usa la tecnología para conceptualizar, dirigir y personalizar soluciones que las herramientas, por sí solas, no pueden lograr. En esta nueva era, no sobrevive el más tradicional ni el más resistente al cambio; sobrevive el que aprende a integrar la IA en su proceso creativo para potenciar lo que ya sabe hacer.

La Opción Realista: Aprender o Ser Desplazado

La verdad es que la IA no te va a salvar automáticamente ni te va a destruir automáticamente. Lo que hará será acelerar las dinámicas naturales del mercado. Los que se adapten y aprendan a usarla prosperarán. Los que no, serán desplazados.

No es agradable decirlo, pero es necesario que lo tengas claro: nadie te va a esperar. Las empresas no están pensando en cómo hacer que la transición sea más fácil para ti. Están pensando en cómo maximizar ganancias, reducir costos y mantenerse competitivas. Y si eso significa reemplazar a la mitad de su fuerza laboral con tecnología, lo harán. No es personal; son negocios.

El único recurso que tienes a tu favor es tu capacidad de aprender. La IA puede hacer muchas cosas, pero no puede decidir por ti. No puede forzarte a sentarte frente a una pantalla y aprender a usar las herramientas que podrían salvar tu carrera. Ese es tu trabajo. Y aquí viene otra verdad incómoda: si no lo haces, nadie lo hará por ti, la buena noticia es que al leer este libro, has tomado la decisión correcta.

¿Hay Esperanza? Sí, Pero No Es Gratis

Un informe de Microsoft publicado en febrero de 2024 revela que los adultos jóvenes de entre 18 y 24 años son los usuarios más activos de la IA generativa, con un 56% de participación en este grupo. No obstante, el 87% de los encuestados expresa preocupación por los riesgos asociados a esta tecnología, como el uso indebido para estafas (71%) y la creación de deepfakes (69%). Estas preocupaciones aumentan con la edad, siendo los boomers (60-64 años) quienes más temen estos peligros.

En América Latina, un estudio de Google y Ipsos, titulado "Our Life with AI" y publicado en enero de 2025, refleja un aumento significativo en la adopción de la IA. En Chile, el 53% de los encuestados ha utilizado IA en el último año, mientras que en México la cifra es del 43%. Además, más del 70% de los participantes en Brasil, Chile y México creen que la IA traerá beneficios, superando el promedio global del 59%.

Las oportunidades son claras, pero no son fáciles ni gratuitas. Aprender a trabajar con la IA requiere dedicación, esfuerzo y humildad. Hay que estar dispuesto a reconocer que lo que sabíamos hasta ahora ya no es suficiente, y estar listos para aprender nuevas herramientas, pensar de manera diferente y actuar con mayor rapidez.

No es para todos. Algunos considerarán que el esfuerzo es demasiado, pero aquellos dispuestos a adaptarse encontrarán en la IA una herramienta poderosa. No porque sea mágica, sino porque puede ofrecerte una ventaja significativa si sabes cómo aprovecharla.

Estrategias Prácticas para Reimaginar tu Rol en la Era de la IA

1. Comienza Explorando Herramientas Gratuitas de Modelos de Lenguaje

Para familiarizarte con la IA, empieza por registrarte en plataformas que ofrecen acceso gratuito a modelos avanzados. Estas son algunas opciones destacadas:

- **Gemini AI:** Ideal para experimentos con capacidades de lenguaje avanzadas y proyectos creativos.
- **Bing con IA:** Útil para búsquedas optimizadas, resúmenes y respuestas directas.
- **ChatGPT (versión gratuita):** Una puerta de entrada perfecta para experimentar con generación de texto, resolución de problemas y aprendizaje asistido.
- **Mistral:** Especializada en tareas técnicas y personalizables para desarrolladores.
- **Claude AI (Anthropic):** Destacada por su enfoque ético y capacidad para manejar contextos largos.
- **Perplexity AI:** Excelente para búsquedas asistidas y explicaciones detalladas.

A partir de los resultados y con el tiempo, vas a decidir cual suscripción premium te conviene más, cada una tiene inclinaciones que la hace mas fuerte para ciertas actividades, ninguna es la mejor en todo.

2. Practica Relacionarte con los Modelos

Dedica tiempo a interactuar con estas plataformas con curiosidad y propósito:

- **Explora sus sesgos:** Pregunta sobre temas que ya dominas para evaluar cómo responden.

- **Prueba tareas resueltas:** Solicítales realizar tareas que ya hayas completado y compara los resultados.

- **Amplía tu perspectiva:** Haz preguntas sobre áreas en las que tengas menos experiencia para descubrir nuevas formas de abordar problemas.

💡 *Ejemplo práctico:* Si trabajas en diseño gráfico, pídele a un modelo que te ayude a generar ideas para una campaña creativa. Si estás en educación, solicita ejemplos de ejercicios interactivos para tus alumnos.

3. Asigna Tareas a los Modelos de IA

Desafía a los modelos con problemas específicos que enfrentas en tu área de trabajo. Esto te permitirá entender su alcance y limitaciones:

- **Tareas simples:** Traducciones, redacción de correos electrónicos o creación de listas.

- **Tareas complejas:** Desarrollo de código, análisis de datos o estrategias de mercado.

- **Colaboración creativa:** Pide sugerencias para mejorar proyectos existentes o generar nuevas ideas.

💡 *Consejo:* Documenta los resultados. Esto te ayudará a identificar patrones en las respuestas y a mejorar tus propias habilidades al usar estas herramientas.

4. Aprende a Identificar Errores y Sesgos

La IA no es infalible. Es crucial desarrollar el hábito de validar sus resultados.

- **Revisa datos sensibles:** Si trabajas con información técnica o legal, confirma siempre la precisión de las respuestas.

- **Cuestiona las fuentes:** Pregunta cómo se generó una conclusión y busca referencias cuando sea posible.

- **Ajusta tus preguntas:** Aprende a ser específico para obtener resultados más útiles.

💡 *Ejemplo práctico:* Pregunta a los modelos sobre estadísticas recientes y compáralas con fuentes confiables.

5. Integra el Aprendizaje Continuo con la IA

Utiliza las herramientas de IA como aliadas para mejorar tus habilidades y adquirir nuevas.

- **Cursos interactivos:** Usa la IA para resumir materiales de plataformas como Coursera, Udemy o Khan Academy.
- **Mentoría personalizada:** Pregunta sobre tendencias y herramientas relevantes en tu industria.
- **Automatización de tareas:** Aprende a usar APIs y scripts generados por modelos para agilizar tu flujo de trabajo.

6. Crea un Plan de Acción Personalizado

Define tus objetivos a corto, mediano y largo plazo:

1. Evalúa tus habilidades actuales.
2. Establece metas específicas (por ejemplo, aprender a programar en Python o usar herramientas como Tableau).
3. Dedica tiempo semanalmente a practicar con las herramientas de IA.

💡 *Recurso:* Plataformas como Notion o Trello pueden ayudarte a organizar tus objetivos y registrar tus avances.

7. Busca Comunidades y Redes de Apoyo

La colaboración con otros usuarios es una fuente invaluable de aprendizaje.

- **Únete a foros:** Participa en comunidades como Reddit (r/ChatGPT, r/MachineLearning) o Discord.
- **Toma cursos gratuitos:** Revisa los recursos de Microsoft Reactor, Google Developers y OpenAI.
- **Comparte experiencias:** Discute tus hallazgos con otros usuarios y aprende de

sus prácticas.

8. Experimenta con Pequeños Proyectos

Aplica lo aprendido en problemas reales para maximizar tu experiencia:

- **Crea una base de datos interactiva:** Usa la IA para ayudarte con el diseño y la implementación.
- **Desarrolla contenido educativo:** Genera guías, tutoriales o material visual con ayuda de herramientas como Canva o DALL·E.
- **Automatiza procesos:** Explora cómo simplificar tareas repetitivas en tu trabajo diario.

9. Comparte Archivos con la IA de Forma Segura

La interacción con modelos de IA puede ser muy productiva, pero también conlleva riesgos si no se manejan los datos correctamente. Aquí tienes una guía para hacerlo de manera segura y eficiente:

Cuidado con la Seguridad: Normas Básicas

1. **Evita información sensible:** Nunca compartas datos confidenciales de tu compañía como credenciales, datos financieros o información de clientes.
2. **Selecciona plataformas confiables:** Prioriza herramientas desarrolladas por empresas con políticas claras de privacidad y seguridad, como OpenAI, Google o Microsoft.
3. **Anonimiza los datos:** Si necesitas compartir información, elimina nombres, números de identificación y otros datos que puedan vincularse a personas o empresas específicas.

Cuando y Qué Compartir

- **Modelos confiables:** Puedes cargar archivos con información más detallada en plataformas reconocidas, siempre y cuando cumplan con las políticas de tu empresa.

- o *Ejemplo:* Si usas ChatGPT (OpenAI) en una cuenta empresarial, puedes subir informes o gráficos específicos para análisis.
- **Modelos no verificados:** En sitios menos seguros, limita el intercambio a datos generales y simplificados.
  - o *Ejemplo:* Convierte un archivo Excel en un gráfico visual y comparte solo el resumen para obtener ideas.

Cómo Compartir Archivos para Analizar Datos

1. **Tablas:** Si necesitas ayuda para analizar información, presenta los datos en forma de tabla.
   - o Ejemplo:

plaintext

CopiarEditar

Mes | Ventas | Costo | Margen

Ene | 1000 | 600 | 400

Feb | 1200 | 700 | 500

2. **Gráficos:** Comparte gráficos de barras, líneas o circulares para una mejor visualización.
   - o Pide interpretaciones o recomendaciones basadas en tendencias.
3. **Preguntas claras:** Formúlale preguntas que harías a un experto en tu campo.
   - o Ejemplo: "¿Qué factores podrían estar impactando las ventas en febrero?", "genera un escenario si la crisis del medio oriente se profundiza", "podría el invierno afectar con.."

Consejos Adicionales

- **Usa herramientas de previsualización:** Si tu archivo contiene información que no estás seguro de compartir, edítalo antes de cargarlo.
- **Divide los datos:** Si el archivo es extenso, comparte partes relevantes para reducir el riesgo de exposición.
- **Limita el acceso:** Utiliza configuraciones de archivo temporal o enlaces de acceso único.

Reflexión Final

La IA debe ser vista como un asesor externo, alguien a quien puedes consultar para resolver problemas específicos o explorar nuevas ideas, pero que no necesita acceso a toda tu información. La clave está en ofrecerle solo el contexto necesario para ayudarte, cuidando siempre la seguridad de tus datos. Antes de interactuar con cualquier modelo, evalúa su confiabilidad y limita el alcance de lo que compartes. La anonimización de información y la formulación precisa de preguntas son herramientas poderosas para maximizar la utilidad de estas plataformas mientras proteges la privacidad. Además, no tomes las respuestas de la IA como verdades absolutas; valida siempre los resultados con tu propio criterio o con expertos humanos.

La IA no sustituye tu experiencia, pero puede ser una extensión valiosa de tus capacidades. Si usas estas herramientas de forma estratégica y con una mentalidad crítica, no solo obtendrás mejores resultados, sino que también te posicionarás de manera más fuerte en un entorno cada vez más dependiente de la tecnología. La IA es una aliada poderosa cuando mantienes el control y defines claramente cómo utilizarla para potenciar tu trabajo sin comprometer tu integridad ni la de tus datos.

Habilidades Clave para la Era de la IA

Pensamiento Crítico y Resolución de Problemas

En un mundo donde las máquinas pueden procesar datos más rápido que nunca, el pensamiento crítico sigue siendo nuestra mejor defensa contra la superficialidad y los errores automatizados. No se trata solo de cuestionar la información, sino de analizarla con rigor, conectarla con diferentes perspectivas y generar soluciones prácticas. La IA puede darte respuestas, pero entender cómo encajan en el panorama general es una tarea profundamente humana.

¿Por qué el pensamiento crítico importa más que nunca?

Con el auge de la automatización, cada vez más decisiones dependerán de datos generados por sistemas de IA. Sin embargo, estos modelos están diseñados dentro de límites específicos: no pueden anticipar el impacto ético de sus recomendaciones ni evaluar los matices contextuales como lo hacemos nosotros. Aquí es donde nuestra capacidad para interpretar y desafiar sus conclusiones nos da una ventaja.

Por ejemplo:

Si un modelo de IA sugiere reducir costos despidiendo empleados, un pensador crítico puede analizar las implicaciones a largo plazo: ¿Cómo afectará esto al equipo restante? ¿Cómo podría impactar la reputación de la empresa? ¿Existen alternativas más sostenibles?

Cómo desarrollar el pensamiento crítico en la práctica

Cuestiona siempre las fuentes: Cuando recibas información (ya sea de una IA o de un colega), no la aceptes al pie de la letra. Pregúntate: ¿De dónde viene esto? ¿Qué motivaciones podrían influir en su origen?

Desafía las suposiciones: Si una herramienta sugiere un curso de acción, reflexiona sobre qué suposiciones subyacen a esa recomendación. ¿Qué se omite? ¿Qué variables podrían cambiar el resultado?

Piensa en términos de sistemas: Aprende a conectar puntos. Si un cambio afecta un área, considera cómo se verá afectado el resto del sistema. Este enfoque holístico es algo que las máquinas aún no logran emular.

Practica escenarios hipotéticos: Antes de implementar una solución, evalúa posibles escenarios: ¿Qué pasa si falla? ¿Qué hacer si surge un problema inesperado?

Resolución de problemas: La habilidad esencial. Mientras que el pensamiento crítico te ayuda a interpretar situaciones, la resolución de problemas convierte tus reflexiones en acciones. En la era de la IA, esta habilidad implica trabajar con y contra la tecnología para diseñar soluciones que sean efectivas, éticas y sostenibles.

Ejemplo práctico: Un ingeniero que encuentra que un modelo de predicción falla al detectar anomalías en un sistema de producción puede:

- Analizar los datos para identificar patrones inesperados.
- Consultar herramientas de IA para sugerir ajustes en el modelo.
- Colaborar con expertos humanos para validar las conclusiones y desarrollar una solución robusta.

Pasos para fortalecer esta habilidad

Usa la IA como tu colaboradora: Pídele ideas, pero asegúrate de tener un plan para evaluar y mejorar sus sugerencias.

Aplica la técnica de dividir y conquistar: Divide problemas complejos en partes más pequeñas y maneja cada una por separado antes de recomponer la solución completa.

Documenta tus soluciones: Mantén un registro de los problemas que has resuelto, los enfoques utilizados y los resultados obtenidos. Esto te ayudará a identificar patrones y mejorar tus métodos.

Cómo la IA puede amplificar estas habilidades

Simulaciones: Las herramientas basadas en IA pueden ayudarte a practicar situaciones complejas en un entorno seguro. Por ejemplo, resolver casos hipotéticos en finanzas, diseño o ingeniería.

Análisis de riesgos: Utiliza modelos para identificar puntos críticos y diseñar estrategias de contingencia.

Exploración de ideas: Pide a la IA que genere enfoques alternativos para un problema que estás intentando resolver.

Reflexión Final

Pensamiento Crítico como Ventaja Competitiva

El pensamiento crítico y la resolución de problemas no solo te harán más valioso en cualquier equipo, sino que también te protegerán de la dependencia ciega de la tecnología. En lugar de competir con la IA, aprende a complementarla: déjala manejar los cálculos y procesar grandes volúmenes de datos mientras tú te centras en lo que realmente importa: decidir qué hacer con esa información y cómo aplicarla en el mundo real.

Aprende a Aprender: La Habilidad Definitiva para la Era de la IA

Si hay una habilidad que puede garantizar tu relevancia en un mundo donde la tecnología avanza constantemente, es **aprender a aprender**. No se trata solo de adquirir conocimientos nuevos, sino de desarrollar un sistema personal que te permita adaptarte, reaprender y evolucionar con rapidez. En la era de la IA, donde el conocimiento técnico puede quedar obsoleto en meses, esta capacidad se convierte en la piedra angular de la supervivencia profesional.

¿Por qué aprender a aprender es crucial?

La información está más accesible que nunca, pero también cambia más rápido. Lo que era una habilidad de nicho ayer, hoy puede ser una necesidad básica. Mientras las máquinas absorben datos y generan respuestas, tu ventaja competitiva está en cómo decides qué aprender, cómo procesas el conocimiento y cómo lo aplicas.

Además, las máquinas no sienten curiosidad, ni tienen la capacidad de cuestionar el propósito detrás de lo que aprenden. Tú sí. Esa chispa humana de curiosidad y reflexión es lo que te permite avanzar más allá de simplemente "saber" y llegar a comprender, crear y mejorar.

Aprender hoy, aplicar mañana: Cómo integrar la IA en tu flujo de trabajo

1. **Identifica tareas repetitivas que puedan ser mejoradas con IA**
   Comienza por observar tu rutina diaria y detecta actividades que consumen tiempo o son propensas a errores. Estas son áreas ideales para aplicar IA.

- o *Ejemplo:* Si pasas horas creando reportes, aprende a usar herramientas como Excel con complementos de IA para automatizar el análisis de datos.
- o *Aplicación inmediata:* Dedica una tarde a explorar cómo automatizar estas tareas, implementa una solución básica al día siguiente y mide los resultados.

2. **Usa la IA como una mentora personalizada**

Herramientas como ChatGPT pueden responder preguntas técnicas, sugerir mejores prácticas y ayudarte a resolver problemas en tiempo real.

- o *Ejemplo práctico:* Si estás aprendiendo Python para análisis de datos, pide a la IA que te explique cómo usar bibliotecas como Pandas. Luego, aplica ese conocimiento en tu proyecto laboral más inmediato, como reorganizar una base de datos.
- o *Aplicación al día siguiente:* Implementa un pequeño script para procesar datos automáticamente.

3. **Crea flujos de trabajo optimizados con IA**

Aprende a integrar aplicaciones de IA en las plataformas que ya usas.

- o *Ejemplo práctico:* Usa herramientas como Zapier o Make.com para conectar aplicaciones como Gmail, Slack y Google Sheets, automatizando el envío de recordatorios o la actualización de tareas pendientes.
- o *Aplicación inmediata:* Configura un flujo que automatice el seguimiento de tus tareas y pruébalo durante una semana.

4. **Explora análisis predictivos para tomar decisiones informadas**

La IA puede ayudarte a prever tendencias y priorizar actividades.

- o *Ejemplo:* Si trabajas en ventas, aprende a usar herramientas como HubSpot o Salesforce con inteligencia artificial para identificar clientes potenciales de alto valor.
- o *Aplicación al día siguiente:* Aplica lo aprendido segmentando tu base de datos de clientes para enfocar tus esfuerzos donde tengan mayor impacto.

5. **Aprovecha asistentes virtuales para ahorrar tiempo**

Los modelos de IA pueden ayudarte a redactar correos, crear presentaciones o planificar reuniones.

- *Ejemplo práctico:* Pide a la IA que redacte un correo profesional basado en el contexto de una conversación o genere ideas para tu próxima presentación.
- *Aplicación inmediata:* Usa estas plantillas al día siguiente y ajusta según sea necesario.

6. **Aprende sobre seguridad y privacidad en el uso de la IA**
No todo conocimiento técnico es útil si no está respaldado por buenas prácticas. Dedica tiempo a entender cómo proteger datos sensibles cuando usas herramientas de IA.

- *Ejemplo práctico:* Estudia cómo anonimizar información antes de subirla a plataformas externas para análisis.
- *Aplicación inmediata:* Implementa estas medidas al usar herramientas para proyectos reales.

Cómo estructurar tu aprendizaje para resultados rápidos

- **Prioriza lo que necesitas aprender ahora:** Concéntrate en habilidades que resuelvan un problema inmediato. Si necesitas generar informes más rápido, aprende sobre herramientas de visualización de datos como Power BI o Tableau.
- **Aplica lo aprendido en pequeños proyectos:** En lugar de esperar a dominar todo un tema, implementa lo que aprendes en tareas específicas y pequeñas.
- **Evalúa tu progreso diariamente:** Reflexiona al final del día sobre lo que funcionó y lo que podrías ajustar.

Ejemplo realista de una semana de aprendizaje aplicado

- **Día 1:** Investiga cómo usar una herramienta de IA para procesar texto. Aprende a usarla para generar resúmenes de informes largos.
- **Día 2:** Aplica lo aprendido al resumen de un informe reciente en tu trabajo.
- **Día 3:** Investiga sobre automatización básica en Excel con macros potenciadas

por IA.

- **Día 4:** Implementa una macro que automatice el cálculo de proyecciones en un archivo que usas regularmente.
- **Día 5:** Reflexiona sobre el impacto de las herramientas que probaste y documenta mejoras para implementarlas a mayor escala.

Cómo integrar la IA sin devaluarte

La IA tiene el potencial de transformar cómo trabajas al automatizar tareas y mejorar la precisión, pero también cambia la percepción del cliente sobre el valor de tu trabajo. Esto requiere una estrategia inteligente: usar la eficiencia para mejorar tus márgenes y ofrecer más valor al cliente, sin caer en guerras de precios.

1. **Aprovecha la rapidez de la IA para entregar más valor, no solo reducir costos**

   Si antes una auditoría o un proyecto tomaba dos semanas y ahora puedes hacerlo en tres días gracias a la IA, es razonable ajustar tus tarifas.

   o *Ejemplo práctico:* Una auditoría que cobrabas en $2,000 por dos semanas de trabajo puede ajustarse a $1,800 si ahora la completas en tres días. El cliente percibe un beneficio inmediato en tiempo y costo, mientras tú mantienes o incluso aumentas tus ingresos por hora.

   o Esto no es "trabajar barato", sino usar la tecnología para ser más competitivo sin comprometer tus estándares de calidad.

2. **Diferénciate por valor, no por precio**

   No todo cliente busca el precio más bajo; muchos valoran la confianza, la calidad y la experiencia. Comunica cómo tu uso de la IA mejora no solo la velocidad, sino también la precisión y la profundidad de los resultados.

   o *Ejemplo:* "Con herramientas avanzadas de IA, no solo entrego resultados más rápido, sino que aseguro un análisis exhaustivo y personalizado que se alinea con las necesidades de tu negocio."

3. **Segmenta tus servicios para diferentes necesidades**

   Aprende a adaptar tus ofertas según las prioridades del cliente, destacando los beneficios de cada opción sin sacrificar rentabilidad. Por ejemplo:

   o **Servicio estándar:** Entrega rápida y precisa gracias a la IA.

   o **Servicio premium:** Análisis detallado, asesoría personalizada y reuniones de seguimiento.

Cómo estructurar tu aprendizaje para resultados inmediatos y sostenibles

El aprendizaje en la era de la IA debe enfocarse en habilidades que puedas aplicar directamente, optimizando tu flujo de trabajo sin perder el control del mercado:

1. **Identifica habilidades de IA que impacten tu sector:** Aprende sobre herramientas específicas que te permitan resolver problemas reales en tu trabajo.

   o *Ejemplo práctico:* Si trabajas en diseño, explora plataformas como MidJourney para generar conceptos visuales rápidamente. Si estás en auditoría, aprende a usar IA para analizar grandes volúmenes de datos en menor tiempo.

2. **Aplica lo aprendido en pequeños proyectos:** No esperes dominar por completo una herramienta antes de usarla. Empieza con tareas específicas y mide el impacto.

   o *Ejemplo práctico:* Usa un modelo de IA para generar un primer borrador de un informe y luego dedica tiempo a personalizarlo con tu experiencia.

3. **Mide el valor entregado al cliente:** Reflexiona sobre cómo la IA mejora tu capacidad para ofrecer resultados de calidad en menos tiempo. Usa esta información para justificar tus tarifas sin recurrir a descuentos innecesarios.

Reflexión final

La verdadera ventaja de aprender a aprender en la era de la IA radica en tu capacidad para transformar conocimientos en acciones concretas que resuelvan problemas reales y eleven tu productividad. Cada nueva habilidad que adquieras debe tener un propósito claro: ser útil aquí y ahora, mejorar tu desempeño y demostrar tu adaptabilidad en un mundo en constante cambio. Aprende con intención, aplica con rapidez y evalúa con regularidad. Esta fórmula te convertirá en un profesional indispensable, preparado para prosperar en cualquier entorno.

Además, integrar la IA en tu trabajo no se trata de sacrificar tus tarifas en nombre de la eficiencia. La tecnología te permite equilibrar mejor calidad, tiempo y precio, ofreciendo a tus clientes resultados superiores mientras optimizas tus recursos. Este enfoque no solo refuerza tus ganancias, sino que también posiciona tu trabajo como innovador y a la vanguardia, elementos que generan confianza y fidelidad. Créeme, ningún cliente quiere sentir que su consultor se queda atrás mientras otros adoptan las herramientas más avanzadas y efectivas.

El cliente no paga solo por rapidez; paga por valor. Ese valor es una combinación de tu experiencia, tu capacidad para usar herramientas de IA estratégicamente y tu habilidad para comunicar claramente los beneficios que ellos reciben. Si logras este equilibrio, construirás una reputación sólida y te destacarás como un profesional confiable y moderno, evitando la trampa de competir únicamente por precios. El mercado no solo premia al más barato, sino al más preparado. Y esa preparación, en última instancia, es lo que te hace sostenible y relevante.

Capitulo IV

Habilidades Clave para la Era de la IA

Creatividad y empatía: Lo que aún nos diferencia de las máquinas

En un mundo donde la inteligencia artificial puede procesar cantidades masivas de datos, identificar patrones y generar contenido en segundos, la creatividad y la empatía siguen siendo nuestras fortalezas más distintivas. Estas cualidades no solo definen lo que significa ser humano, sino que también son esenciales para resolver problemas complejos, diseñar experiencias significativas y construir relaciones duraderas en entornos laborales cada vez más digitales.

Un ejemplo reciente que ilustra esta capacidad humana es la **campaña "Heinz AI Ketchup" (2023)**. Aunque involucró el uso de inteligencia artificial, su éxito radicó en una idea creativa y emocional que ningún algoritmo habría priorizado por sí solo: **demostrar que Heinz es el ketchup "ideal", incluso en la imaginación de las máquinas.**

El caso "Heinz AI Ketchup"

La campaña comenzó con un experimento simple pero cargado de intención creativa: la agencia de publicidad le pidió a una IA de generación de imágenes (DALL·E) que diseñara "el ketchup". El resultado fue una serie de imágenes que, sin ninguna instrucción explícita, representaban botellas similares al icónico diseño de Heinz. A partir de esto, el equipo creativo transformó el experimento en una poderosa campaña publicitaria.

- **¿Qué hicieron?**
  Lanzaron un anuncio titulado "Ketchup según la IA", que mostraba las imágenes generadas por la máquina y cómo, sin importar las variaciones, todas recordaban a Heinz. Esto reforzaba el mensaje de que Heinz es el estándar universal del ketchup, un concepto que los algoritmos con sus datos y la lógica de una IA no habrían identificado por sí solos.

¿Por qué fue un éxito?

La campaña mezcló tecnología y creatividad de una manera que conectó emocionalmente con el público. En lugar de enfocarse solo en la precisión técnica de las imágenes generadas, destacó la conexión histórica y cultural que la marca tiene con los consumidores. Los resultados fueron impactantes:

- o Se generaron miles de menciones en redes sociales, con consumidores creando sus propios "ketchups imaginados por IA".
- o La marca reforzó su posicionamiento como líder en su categoría, aumentando el reconocimiento de marca en un 17% y las ventas globales en un 12%.

¿Por qué la IA no podría haberlo creado sola?

Esto no es un consuelo, es la verdad. Aunque la IA fue una herramienta en la campaña, el concepto nació de una interpretación profundamente humana: la idea de jugar con el imaginario colectivo y cómo una marca puede ser tan icónica que incluso una máquina la percibe como "el ketchup por defecto". Este nivel de simbolismo y resonancia cultural es algo que la IA no puede prever, ya que carece de contexto emocional, histórico y social.

Lección clave

El caso de "Heinz AI Ketchup" nos muestra cómo la creatividad humana puede usar la tecnología como un medio, no como un fin. Las campañas más exitosas no se limitan a lo que los datos o las máquinas sugieren, sino que aprovechan lo impredecible y lo emocional para contar una historia que conecte con las personas. En este equilibrio entre innovación y humanidad, encontramos nuestra verdadera ventaja frente a la inteligencia artificial.

Creatividad: Más allá de la generación de ideas

La creatividad no es solo producir algo novedoso; es conectar puntos de formas inesperadas, recontextualizar lo conocido y encontrar soluciones donde otros ven límites. Es la capacidad de desafiar lo establecido, y en eso, la IA sigue dependiendo de nosotros.

1. **¿Por qué la IA no puede reemplazar la creatividad humana?**
   - **Falta de propósito:** La IA genera contenido basándose en patrones aprendidos, pero no comprende el "por qué" detrás de sus creaciones. *Ejemplo:* Una IA puede escribir un poema técnicamente perfecto, pero carece de la intención emocional que guía a un poeta.
   - **Limitaciones en la innovación radical:** La IA funciona dentro de los límites de su entrenamiento. Las ideas verdaderamente disruptivas (que rompen las reglas) provienen de humanos capaces de cuestionar esas reglas.

2. **Cómo usar la IA para potenciar tu creatividad:**
   - **Brainstorming asistido:** Utiliza herramientas como ChatGPT para generar una lluvia de ideas inicial que puedas desarrollar. *Ejemplo práctico:* Pídele a una IA 10 ideas para un nuevo producto o campaña y elige las que puedas personalizar.
   - **Iteración rápida:** Usa herramientas de diseño basadas en IA, como MidJourney o Canva, para crear prototipos visuales que sirvan como punto de partida.
   - **Exploración de perspectivas:** La IA puede ofrecer enfoques inesperados basados en datos o ejemplos históricos que tú puedes reinterpretar.
   -

3. **Ejercicio práctico para cultivar creatividad:**
   - Escoge un problema que enfrentas en tu trabajo diario.
   - Pide a una herramienta de IA que sugiera varias soluciones.

o Evalúa las propuestas y combínalas con tus propias ideas para crear algo único.

Empatía: La clave para conectar en un mundo digital

En un entorno donde las interacciones digitales son la norma, la empatía se convierte en un recurso valioso para crear conexiones auténticas. Es la habilidad de ponerte en el lugar de otros, entender sus emociones y diseñar soluciones que resuenen con ellos.

1. **¿Por qué la IA no puede replicar la empatía?**
   o **Falta de experiencia humana:** Aunque una IA puede analizar el lenguaje y predecir emociones, no comprende lo que significa vivir esas emociones.
   o **Ausencia de juicio moral:** La empatía no solo es entender, sino también actuar con compasión y ética, algo que la IA no puede decidir por sí misma.
2. **Cómo cultivar la empatía en un entorno digital:**
   o **Escucha activa:** Dedica tiempo a comprender las necesidades de tus clientes, colegas o audiencia antes de responder. *Ejemplo práctico:* Si usas un chatbot, revisa las consultas más comunes y ajusta sus respuestas para que sean más humanas y útiles.
   o **Feedback humano:** Aunque las herramientas digitales pueden recopilar opiniones, asegúrate de interpretar esos datos con una perspectiva empática. *Ejemplo:* Analiza una encuesta de satisfacción con preguntas como: "¿Cómo se sintieron los clientes al usar este servicio?"
   o **Diseño centrado en el usuario:** Aplica la empatía en la creación de productos y servicios que sean inclusivos, accesibles y alineados con las necesidades reales.
3. **Ejercicio práctico para cultivar empatía:**
   o Elige un servicio o producto que ofreces.

- o Pregunta a tus clientes o usuarios qué desafíos enfrentan al interactuar con él.
- o Usa herramientas de IA para generar mejoras basadas en su retroalimentación, pero valida estas propuestas con tu juicio humano.

La sinergia entre creatividad y empatía

Cuando combinas estas habilidades, no solo resuelves problemas de manera más efectiva, sino que también creas experiencias que conectan emocionalmente con las personas. Aquí hay algunos ejemplos de cómo aplicarlas juntas:

- **En marketing:** Diseñar una campaña publicitaria que no solo sea visualmente atractiva, sino que también hable directamente a las preocupaciones y aspiraciones de tu audiencia.
- **En diseño de productos:** Crear una aplicación que no solo cumpla con sus funciones técnicas, sino que también sea intuitiva y esté alineada con las necesidades emocionales de sus usuarios.
- **En liderazgo:** Tomar decisiones estratégicas basándote no solo en datos, sino también en el bienestar y las motivaciones de tu equipo.

Cómo desarrollar estas habilidades en tu día a día

1. **Practica la observación:** Dedica tiempo a observar cómo las personas interactúan con tu trabajo o producto. Usa la IA para analizar patrones, pero enfócate en entender el "por qué" detrás de esos comportamientos.
2. **Experimenta con diferentes enfoques:** Usa la IA como herramienta para generar múltiples opciones, pero confía en tu intuición para seleccionar y refinar las mejores ideas.
3. **Incorpora sesiones de reflexión:** Al final de cada proyecto, pregúntate qué podrías haber hecho mejor desde una perspectiva creativa y empática.

Reflexión Final

La creatividad y la empatía son las cualidades que mantienen nuestro trabajo relevante en un mundo impulsado por la IA. Estas habilidades no solo nos diferencian de las máquinas, sino que también nos permiten diseñar soluciones y experiencias que conectan con las personas a un nivel más profundo. Al combinar estas cualidades con las herramientas tecnológicas disponibles, no solo mejorarás tu trabajo, sino que también construirás un legado que las máquinas no pueden replicar. Recuerda, la IA puede hacer muchas cosas, pero el alma de cada proyecto sigue siendo humana.

Estrategias de Adaptación

Cultura de Colaboración con IA

En un mundo donde la inteligencia artificial está integrada cada vez más en nuestras vidas laborales, promover una cultura de colaboración entre humanos y herramientas de IA es clave para alcanzar el éxito. La IA no está aquí para reemplazar al humano, sino para complementarlo, potenciando nuestras capacidades y liberándonos de tareas repetitivas para enfocarnos en lo que realmente importa: el pensamiento estratégico, la creatividad y la empatía.

Diseñar flujos de trabajo híbridos

Los flujos de trabajo híbridos combinan las fortalezas de los humanos y la IA para maximizar la eficiencia y la calidad de los resultados. La clave está en diseñar procesos claros donde las tareas sean distribuidas según las capacidades de cada parte:

1. **Tareas para la IA:**
   o Análisis masivo de datos en tiempo real.
   o Automatización de tareas repetitivas, como informes y programación de citas.
   o Generación de ideas iniciales o prototipos.
2. **Tareas para los humanos:**
   o Toma de decisiones complejas que requieren juicio crítico.
   o Validación de datos y corrección de errores.
   o Diseño de estrategias basadas en los resultados proporcionados por la IA.

3. **Colaboración entre ambos:**
   - o Usar la IA como herramienta para obtener insights rápidos y claros, pero con supervisión humana que garantice la aplicación ética y contextual de esos resultados.

Ejemplo práctico: Un equipo de marketing utiliza una IA para analizar tendencias en redes sociales y generar contenido base. Sin embargo, los redactores humanos revisan y ajustan el mensaje para asegurarse de que sea relevante y emocionalmente resonante con su audiencia.

Casos de éxito personales

Las historias de éxito nos muestran cómo las personas han transformado sus carreras al adoptar la IA como aliada. Estos ejemplos son una prueba viviente de que la adaptación no solo es posible, sino también beneficiosa:

1. **El emprendedor que automatizó su negocio:**
   - o En 2023, una empresa de alimentos orgánicos en Estados Unidos implementó un sistema de IA para gestionar sus inventarios y personalizar la atención al cliente. Gracias a esta tecnología, redujeron en un 30% las pérdidas por productos vencidos y lograron aumentar las ventas en un 40% al ofrecer recomendaciones precisas basadas en las preferencias de sus clientes. Esto permitió al dueño dedicar más tiempo al desarrollo de alianzas estratégicas, consolidando la marca en mercados internacionales.

2. **La creativa que amplificó su alcance:**
   - o En 2024, la diseñadora gráfica Jessica Walsh utilizó MidJourney y DALL·E para crear conceptos iniciales en proyectos de branding. Esto le permitió reducir a la mitad el tiempo de desarrollo de propuestas visuales para clientes como Dropbox y Google, aumentando significativamente su capacidad de atender nuevos proyectos sin comprometer la calidad. Su adaptación a estas herramientas impulsó su reputación como pionera en integrar IA con creatividad humana.

3. **El profesional que reinventó su rol:**

o Un analista financiero comenzó a usar modelos predictivos basados en IA para identificar oportunidades de inversión más rápido que su competencia. Este enfoque no solo mejoró sus resultados, sino que también lo posicionó como un líder en su sector.

Lecciones para promover la colaboración con IA

- **Formación continua:** Capacita a los equipos en el uso de herramientas de IA, asegurándote de que comprendan tanto sus capacidades como sus limitaciones.
- **Comunica el valor de la IA:** Refuerza que estas herramientas están diseñadas para potenciar el trabajo humano, no para reemplazarlo.
- **Fomenta la creatividad:** Usa la IA para liberar tiempo y recursos, permitiendo a los equipos enfocarse en innovar y resolver problemas complejos.

Una cultura de colaboración con IA no solo fortalece los resultados, sino que también transforma la manera en que trabajamos, generando un impacto positivo tanto en la productividad como en la satisfacción de los equipos.

¿Qué significa ser humano en un mundo de máquinas inteligentes?

La pregunta de qué nos hace humanos se vuelve más relevante que nunca en un entorno donde las máquinas pueden replicar muchas de nuestras habilidades. Sin embargo, ser humano es mucho más que ejecutar tareas:

1. **Conciencia y propósito:** Mientras las máquinas pueden procesar datos y tomar decisiones basadas en lógica, los humanos actúan con intención y valores.
2. **Relaciones emocionales:** La capacidad de construir conexiones significativas basadas en empatía, compasión y comprensión es única de nuestra especie.
3. **Creatividad auténtica:** Aunque las máquinas pueden generar arte o música,

carecen del contexto cultural y emocional que da significado a estas creaciones.

Reflexión: En lugar de temer que las máquinas nos desplacen, debemos centrarnos en lo que nos hace únicos. La IA puede complementar nuestras habilidades, pero no puede reemplazar nuestra humanidad.

El equilibrio entre progreso y humanidad

El avance tecnológico es inevitable, pero su dirección y consecuencias dependen de nuestras elecciones como sociedad. Es fundamental encontrar un equilibrio que permita aprovechar los beneficios de la IA sin perder nuestra esencia humana.

1. **Educación y adaptabilidad:** Preparar a las futuras generaciones para un mundo donde las habilidades blandas y el pensamiento crítico sean tan valiosos como el dominio de la tecnología.

2. **Regulaciones éticas:** Promover leyes y estándares internacionales que guíen el desarrollo y uso de la IA, asegurando que sirva al bienestar colectivo.

3. **Fomentar la cooperación:** En lugar de dividirnos, la IA debe ser una herramienta que conecte a las personas y las culturas, superando barreras económicas y sociales.

Ejemplo real: En 2024, la UNESCO lanzó una iniciativa global para enseñar ética de la IA en las escuelas, asegurándose de que los jóvenes comprendan tanto su potencial como sus riesgos.

Cierre del Capítulo IV

En este capítulo, hemos profundizado en cómo habilidades humanas fundamentales como la creatividad, la empatía y el pensamiento crítico pueden no solo coexistir, sino sobresalir en un mundo cada vez más influenciado por la inteligencia artificial. Estas capacidades, únicas y profundamente humanas, encuentran un poderoso aliado en la tecnología cuando se combinan estratégicamente, permitiéndonos marcar la diferencia en un entorno profesional dominado por la automatización y los algoritmos. La clave no está en competir contra la IA, sino en integrarla de manera inteligente en nuestros flujos de trabajo para maximizar su potencial y el nuestro.

Los flujos de trabajo híbridos, donde humanos y máquinas colaboran de manera sinérgica, se están convirtiendo en el estándar en muchas industrias. Lejos de ser una amenaza, esta interacción amplifica nuestra capacidad para resolver problemas complejos, abordar desafíos creativos y construir relaciones significativas en el lugar de trabajo. Es en esta interacción donde la humanidad encuentra una nueva manera de mantenerse relevante y valiosa, aprovechando lo mejor de ambas partes: nuestra intuición y capacidad para interpretar el mundo en toda su complejidad, junto con la precisión, velocidad y capacidad de procesamiento de la IA.

Las historias de éxito que hemos revisado son un recordatorio de que la adaptación no es una idea lejana o un concepto abstracto reservado para unos pocos privilegiados. Es, en realidad, una práctica concreta que está al alcance de cualquiera dispuesto a adoptar una mentalidad abierta y a comprometerse con el aprendizaje continuo. Cada ejemplo evidencia que aquellos que abrazan los cambios tecnológicos no solo logran mantenerse a flote, sino que también encuentran formas de prosperar, transformando desafíos en oportunidades y alcanzando niveles de éxito que antes parecían inalcanzables.

Con un enfoque claro en la colaboración humano-máquina, la adaptabilidad deja de ser un lujo para convertirse en una herramienta esencial. Esto implica no solo aprender nuevas habilidades técnicas, sino también desarrollar una mayor conciencia de cómo interactuamos con las herramientas digitales y cómo estas pueden integrarse en nuestra vida diaria para mejorarla. Aquellos que cultivan la capacidad de aprender a aprender encuentran en este entorno en constante evolución una ventaja competitiva que los diferencia y los posiciona como líderes en sus respectivas áreas.

En última instancia, el futuro no será definido únicamente por los avances tecnológicos, sino por cómo decidimos utilizarlos. Con la actitud correcta, un compromiso constante con nuestra propia evolución y la disposición de trabajar de manera colaborativa con la tecnología, estamos preparados no solo para enfrentar la era de la inteligencia artificial, sino para prosperar y redefinir lo que significa ser humano en un mundo cada vez más conectado. Este es el momento de tomar el control de nuestro futuro y de demostrar que, con creatividad, empatía y una mentalidad adaptable, podemos seguir siendo los arquitectos de nuestro destino.

Capitulo V

El Impacto Ético y Legal de la IA

El Impacto Ético y Legal de la IA

La Inteligencia Artificial no solo está redefiniendo la forma en que trabajamos, sino también está poniendo a prueba los límites de nuestra ética y nuestras leyes. En el centro de esta transformación se encuentra una pregunta clave: ¿Cómo asegurarnos de que estas tecnologías beneficien a la humanidad en su conjunto y no amplíen las brechas existentes o creen nuevas injusticias?

Los Desafíos Éticos

1. La Cuestión de la Desigualdad: La IA, como cualquier herramienta poderosa, tiene el potencial de beneficiar desproporcionadamente a quienes ya tienen acceso a recursos y conocimientos. Las grandes corporaciones con capacidad para desarrollar y desplegar IA a gran escala pueden dejar atrás a pequeñas empresas y comunidades sin acceso a estas herramientas. Además, el reemplazo de empleos por automatización podría exacerbar las disparidades económicas.

Por ejemplo, un estudio de PwC estima que la IA podría contribuir con hasta $15.7 billones al PIB global para 2030, pero la distribución de estos beneficios será desigual, favoreciendo principalmente a economías avanzadas como Estados Unidos y China. Esto genera el riesgo de que economías en desarrollo enfrenten barreras significativas para competir en un mundo tecnológicamente dominado.

En un escenario de 1 año, podríamos ver el surgimiento de más iniciativas locales que busquen democratizar el acceso a la IA. A 3 años, los países con bajos ingresos podrían enfrentarse a una dependencia tecnológica crítica. A 5 años, las brechas podrían ampliarse, a menos que se implementen estrategias globales de inclusión. A 7 años, la desigualdad podría ser insostenible sin regulaciones robustas.

2. Sesgos en los Algoritmos: Uno de los problemas éticos más discutidos es el sesgo en los algoritmos. Dado que los sistemas de IA se entrenan en datos del mundo real, pueden heredar y amplificar prejuicios existentes. Desde discriminación en procesos de selección laboral hasta algoritmos que refuerzan estereotipos, las consecuencias son profundas.

Un caso notable fue el sistema de selección de personal de Amazon, que discriminó sistemáticamente a mujeres porque se entrenó con datos históricos donde predominaban los hombres. Además, un estudio reciente del MIT reveló que las herramientas de reconocimiento facial tienen tasas de error de hasta un 34% en personas de piel oscura, comparado con menos del 1% en personas blancas.

En un escenario a corto plazo (1 a 3 años), las empresas podrían priorizar auditorías de sesgos. A mediano plazo (5 años), podrían surgir más leyes que exijan responsabilidad algorítmica. En el largo plazo (7 años), los sistemas sin sesgo podrían convertirse en un estándar exigido por los usuarios.

3. Privacidad y Vigilancia: El uso masivo de datos para entrenar sistemas de IA plantea serias preocupaciones sobre la privacidad. Las personas a menudo no son conscientes del alcance de los datos recopilados sobre ellas ni de cómo se utilizan. Además, la IA también habilita tecnologías de vigilancia más intrusivas, poniendo en riesgo derechos fundamentales.

En China, por ejemplo, el sistema de crédito social utiliza IA para monitorear el comportamiento de los ciudadanos, asignándoles puntuaciones que afectan su acceso a servicios. Este modelo genera preocupaciones sobre su potencial adopción en otros países con fines autoritarios.

En 1 año, podríamos ver un aumento en los debates sobre derechos digitales. A 3 años, la regulación del uso de datos podría endurecerse en países democráticos. A 5 años, las tecnologías de privacidad, como el cifrado avanzado, podrían ser obligatorias en sistemas de IA. A 7 años, podría haber un equilibrio entre vigilancia y privacidad en democracias más consolidadas.

Los Retos Legales

1. Regulación Inexistente o Insuficiente: La velocidad del avance tecnológico supera con creces la capacidad de los legisladores para regularlo. En muchas jurisdicciones, no existen leyes específicas que aborden el uso de la IA, dejando a los ciudadanos vulnerables ante posibles abusos.

Por ejemplo, la Unión Europea ha propuesto la Ley de IA, que podría convertirse en la primera regulación integral de la IA en el mundo. Sin embargo, otras regiones, como América Latina, están aún muy rezagadas.

En 1 año, podrían surgir más marcos regulatorios iniciales. A 3 años, las regulaciones podrían implementarse en sectores críticos como salud y transporte. A 5 años, las sanciones por incumplimiento podrían ser más estrictas. En 7 años, podría existir un sistema global de regulación de IA.

2. Responsabilidad Civil: Cuando un sistema de IA comete un error, ¿quién es responsable? Si un coche autónomo provoca un accidente, ¿es culpa del fabricante, del desarrollador del software o del usuario final? Este es uno de los temas legales más complejos y aún no resueltos.

En un caso reciente en Arizona, un coche autónomo de Uber mató a un peatón, y el debate sobre la responsabilidad legal sigue en curso. Este tipo de incidentes podría multiplicarse sin un marco claro.

A 1 año, los fabricantes podrían adoptar más seguros de responsabilidad. A 3 años, los litigios por IA podrían volverse comunes. A 5 años, se podría establecer un esquema de responsabilidad compartida. En 7 años, la regulación podría ser uniforme a nivel internacional.

3. Derechos de Propiedad Intelectual: La IA también desafía conceptos tradicionales de propiedad intelectual. Por ejemplo, si un sistema de IA genera una obra de arte o un descubrimiento científico, ¿quién tiene los derechos sobre ello?

En 2023, un tribunal de Estados Unidos decidió que las obras creadas exclusivamente por IA no pueden ser protegidas por derechos de autor, un fallo que podría sentar precedentes globales.

En 1 año, este debate podría intensificarse en sectores creativos. A 3 años, los marcos legales podrían adaptarse a obras colaborativas entre humanos y máquinas. A 5 años, las IA podrían tener derechos limitados bajo legislaciones específicas. En 7 años, la propiedad intelectual podría tener una estructura completamente nueva.

Propuestas para un Futuro Responsable

1. **Diseño Ético desde el Principio:** Las empresas y los desarrolladores deben incorporar principios éticos en el diseño de sus sistemas. Esto incluye realizar auditorías algorítmicas regulares para identificar y mitigar sesgos.

2. **Educación en Ética Tecnológica:** Los programas de formación para profesionales deben incluir cursos sobre las implicaciones éticas de la IA. Esto ayudará a crear una generación de desarrolladores más conscientes y responsables.

3. **Regulación Internacional:** Los gobiernos y organismos internacionales deben colaborar para establecer marcos legales coherentes que regulen el uso de la IA y protejan los derechos de las personas.

4. **Transparencia y Rendición de Cuentas:** Las empresas que implementen sistemas de IA deben ser transparentes sobre cómo funcionan estos sistemas y permitir auditorías externas para garantizar su correcto uso.

5. **Participación Ciudadana:** Las comunidades deben tener voz en cómo se implementa la IA en sus entornos. Esto podría lograrse a través de consultas públicas o comités ciudadanos.

Consideraciones.

El impacto ético y legal de la IA no es un problema que podamos resolver de manera aislada o inmediata. Requiere la colaboración entre gobiernos, empresas, desarrolladores y ciudadanos. La IA tiene el potencial de transformar el mundo de formas positivas, pero también trae consigo riesgos significativos que debemos abordar con urgencia. Recordemos que la tecnología es una extensión de nuestros valores; el tipo de futuro que construyamos dependerá de las decisiones que tomemos hoy.

Recomendaciones:

- Si eres un profesional, considera especializarte en ética de la IA o regulación tecnológica, áreas que serán clave en los próximos años.

- Apoya iniciativas que promuevan la transparencia y la justicia en el uso de la IA.
- Exige que las empresas sean responsables de cómo usan los datos y los sistemas de IA en sus operaciones.

Conclusión

Amigos, hemos llegado al final de este recorrido. Lo que hemos explorado juntos no es solo un cúmulo de ideas y estrategias sobre la inteligencia artificial; es una hoja de ruta para enfrentar un futuro que no espera por nadie. He tratado de escribir esto con la sinceridad con la que le hablo a mis amigos, porque en el fondo este libro es para ustedes. Es mi forma de decir: "Aquí está lo que puedes hacer, cómo puedes hacerlo, pero el trabajo final es tuyo".

La inteligencia artificial está reescribiendo las reglas del juego, y no siempre de una forma cómoda. Hemos hablado de empleos en riesgo, de sectores emergentes y de cómo la tecnología no discrimina: no le importa si estás listo o no. Es crudo, pero es la realidad. Sin embargo, también hemos visto que hay un camino para aquellos dispuestos a adaptarse, a aprender y a poner en práctica lo aprendido. Esa es la clave, y lo ha sido siempre.

Si tuviera que resumir todo este libro en una sola lección, sería esta: aprende a aprender. No como lo hacíamos en la escuela, donde memorizábamos para un examen y luego olvidábamos, sino como alguien que sabe que su futuro depende de lo que pueda absorber, adaptar y usar hoy. Y no solo aprender por aprender, sino aplicar. Porque puedes saber todo sobre una dieta perfecta, pero si sigues comiendo mal, ¿de qué te sirve? Este libro es una guía, pero al final, el esfuerzo es tuyo. Yo estoy aquí para darte las herramientas, pero tú eres quien debe usarlas.

El futuro no está escrito. La IA puede ser un aliado increíble o una fuente de desigualdad y frustración. Depende de cómo la enfrentemos como individuos y como sociedad. No necesitamos ser perfectos, pero sí responsables: pensar en el impacto de nuestras decisiones, en cómo utilizamos estas herramientas y en lo que queremos construir con ellas. Porque, amigos, la tecnología avanza, pero no es ella quien define el rumbo; somos nosotros.

Sé que no es fácil. Cambiar, aprender, aplicar, requiere disciplina. Y la disciplina duele, lo sé. Pero si decides asumir el reto, si decides trabajar con la IA en lugar de temerle o ignorarla, te aseguro que no solo sobrevivirás, sino que prosperarás. No será un camino lineal ni perfecto, pero cada pequeño paso te llevará más cerca de un lugar donde puedas decir: "Estoy bien, estoy preparado, estoy en control".

Quiero que recuerdes algo: la IA no puede reemplazar lo que te hace humano. Tu empatía, tu creatividad, tu juicio crítico, tu capacidad para adaptarte y aprender son insustituibles. Si decides aprovechar esas cualidades, este no será un futuro de máquinas que te reemplazan, sino de herramientas que potencian lo mejor de ti.

Yo me siento como un nutricionista: te doy la receta, los ingredientes y la motivación para empezar, pero cocinar, amigos, es cosa tuya. Si decides hacerlo, ambos ganamos: tú porque te preparas para un futuro lleno de posibilidades, y yo porque me quedo con la satisfacción de haberte ayudado a llegar allí.

Así que ahora te toca a ti. Cuando cierres este libro, abre tu mente y tus manos, y empieza. El futuro es de quienes tienen el coraje de adaptarse y la disciplina para actuar. Hazlo por ti, por tu familia y por mantenerte siempre relevante. No se trata de las máquinas, sino de que nunca dejes de ser valioso en un mundo que cambia rápido.

Nos vemos en el camino.

Recursos Adicionales

Visita nuestro sitio WEB

rhodiumdev.com

Allí encontrarás acceso a una plataforma digital diseñada para complementar el contenido de nuestro libro **Liderando con IA: Guía práctica para Mantenerte Insustituible por las IA**

¿Qué te ofrecemos?

- **Recursos adicionales**: Documentos, plantillas y guías prácticas para ayudarte a aplicar lo aprendido de manera inmediata.

- **Acceso a cursos básicos**: Aprende de manera sencilla y práctica sobre temas esenciales como la interacción con modelos de IA, la instalación y configuración de VPNs, y la creación de prompts efectivos.

- **Actualizaciones exclusivas**: Contenido adicional que te mantendrá al día con las últimas tendencias tecnológicas.

Nuestra misión es acompañarte en cada paso de tu aprendizaje. ¡Descubre más en

Tabla de Habilidades Clave y Casos Prácticos en la Era de la IA

Habilidad	Descripción	Ejemplo de Aplicación	Caso de Ejemplo	Prompt de Ejemplo
Pensamiento crítico	Analizar situaciones desde múltiples perspectivas y cuestionar suposiciones para tomar decisiones informadas.	Evaluar las recomendaciones de un modelo de IA para decidir si implementarlas en un proyecto.	Un analista financiero usa IA para identificar patrones en datos históricos y toma decisiones estratégicas.	Teniendo en cuenta los datos de ventas de los últimos tres años en esta hoja de cálculo, analiza las tendencias y sugiere 3 estrategias para mejorar el rendimiento en el tercer trimestre.
Resolución de problemas	Identificar desafíos, dividirlos en partes manejables y encontrar soluciones efectivas y sostenibles.	Colaborar con una herramienta de IA para diseñar un flujo de trabajo más eficiente.	Un ingeniero resuelve un problema de producción optimizando una línea de ensamblaje con un modelo de IA.	Con base en las métricas de producción de los últimos seis meses, dime cómo puedo reducir el tiempo de ensamblaje de este producto en un 20% sin comprometer la calidad.
Creatividad	Generar ideas originales y conectar conceptos de formas innovadoras para aportar valor único.	Usar una IA generativa para crear prototipos visuales y personalizarlos según las necesidades del cliente.	Un publicista utiliza MidJourney para generar conceptos visuales para una campaña publicitaria creativa.	Basándote en los datos demográficos de nuestra audiencia, genera 5 conceptos visuales para una campaña de ropa sostenible, resaltando innovación y elegancia.

Empatía	Comprender y responder a las emociones y necesidades de las personas, creando conexiones significativas.	Diseñar soluciones centradas en el usuario basadas en retroalimentación emocional y funcional.	Un diseñador de productos adapta la interfaz de una app basándose en la retroalimentación emocional de los usuarios.	Aquí tienes una recopilación de comentarios de usuarios sobre la aplicación. Proporciona recomendaciones basadas en esta retroalimentación para hacer la interfaz más intuitiva.
Adaptabilidad	Ajustarse rápidamente a los cambios en el entorno laboral o tecnológico, aprendiendo nuevas habilidades según sea necesario.	Aprender a usar herramientas como Tableau o Power BI para adaptarse a la demanda de análisis de datos.	Un gerente aprende rápidamente a usar una nueva herramienta de gestión para implementar mejoras en su equipo.	Considerando mi nivel de principiante en análisis de datos, sugiere tutoriales y recursos para aprender Power BI y cómo aplicarlo en el análisis empresarial.
Aprender a aprender	Desarrollar la capacidad de adquirir y aplicar conocimientos de manera continua en un mundo en constante evolución.	Tomar un curso online sobre nuevas tecnologías y aplicarlo en un proyecto laboral real.	Un profesor toma un curso online sobre herramientas educativas y lo aplica para personalizar la enseñanza de sus alumnos.	Dado que tengo un grupo de estudiantes con dificultades en matemáticas básicas, crea un plan de lecciones personalizado que combine ejercicios interactivos y recursos visuales.

Tabla de Herramientas de IA Recomendadas

Herramienta	Descripción	Ejemplo de Uso	Industria de Aplicación
ChatGPT Gemini Claude	Modelo de lenguaje avanzado para generación de texto, resolución de problemas y aprendizaje asistido.	Redactar correos personalizados o resúmenes de reuniones en pocos segundos.	Marketing, educación, consultoría, atención al cliente.
MidJourney	Generación de imágenes creativas y conceptuales para proyectos de diseño y marketing.	Crear conceptos visuales para una campaña de moda sostenible.	Diseño gráfico, publicidad, marketing.
Tableau	Plataforma de visualización de datos para análisis avanzado y presentaciones efectivas.	Analizar tendencias de ventas y generar informes visuales para la dirección.	Finanzas, ventas, recursos humanos, investigación.
DALL·E	Generador de imágenes basado en texto para aplicaciones artísticas y comerciales.	Diseñar ilustraciones para un libro infantil o prototipos de packaging.	Arte, diseño, educación.
Zapier	Automatización de flujos de trabajo entre aplicaciones y servicios web.	Configurar un flujo para enviar automáticamente datos de un formulario a una hoja de cálculo.	Gestión de proyectos, operaciones, startups.
Google Bard	Asistente conversacional de Google enfocado en búsquedas avanzadas y generación de contenido.	Buscar tendencias clave en datos financieros y generar un resumen ejecutivo.	Educación, marketing, investigación.
Power BI	Herramienta para análisis de datos empresariales y creación de dashboards interactivos.	Crear un dashboard que monitoree indicadores clave de desempeño en tiempo real.	Negocios, análisis de datos, consultoría.
Notion AI	Extensión de IA para organizar tareas, generar contenido y optimizar la productividad.	Generar un plan semanal basado en prioridades y plazos.	Gestión de proyectos, productividad personal, startups.

Soundraw	Generación de música original basada en tus preferencias de estilo y duración.	Crear música para un video promocional o un proyecto audiovisual.	Producción musical, audiovisuales, publicidad.
AIVA	Composición musical asistida por IA para creaciones originales en diferentes géneros.	Componer música clásica o moderna para un videojuego o un corto.	Composición musical, cine, videojuegos.
Runway ML	Creación de contenido multimedia utilizando modelos de IA para edición y efectos visuales.	Editar un video corporativo con efectos visuales generados automáticamente.	Producción audiovisual, medios digitales, cine.
Lumen5	Transforma texto en videos atractivos con narración automática y elementos visuales.	Crear un video resumen de un evento con subtítulos y transiciones dinámicas.	Marketing, redes sociales, creación de contenido.

Plantilla para un Plan de Acción Personalizado

Sección	Descripción	Ejemplo de Pregunta Guía
Objetivo General	Define claramente qué quieres lograr con la IA en tu trabajo o aprendizaje.	¿Qué resultado final quiero obtener en los próximos 3 meses?
Habilidades a Desarrollar	Identifica las habilidades técnicas y humanas que necesitas adquirir o mejorar.	¿Qué habilidades necesito desarrollar para utilizar esta herramienta de manera efectiva?
Herramientas de IA a Implementar	Especifica las herramientas de IA que utilizarás y cómo se aplicarán a tu objetivo.	¿Qué herramientas de IA me ayudarán a lograr mis metas y cómo las usaré?
Pasos Clave	Detalla los pasos que seguirás para alcanzar el objetivo, dividiéndolos en tareas pequeñas y manejables.	¿Cuáles son las tareas específicas que debo completar y en qué orden?
Recursos Necesarios	Enumera los recursos que necesitarás, como cursos, software o mentores.	¿Qué recursos externos necesito para cumplir con cada paso del plan?
Cronograma	Establece un cronograma realista para completar cada paso, con plazos claros.	¿Cuánto tiempo puedo dedicar semanalmente a este plan y cuál es mi fecha límite?
Indicadores de Éxito	Define cómo medirás el éxito (por ejemplo, aumento de productividad, calidad mejorada, etc.).	¿Cómo sabré si he logrado mi objetivo o si necesito ajustar mi estrategia?
Reflexión y Ajustes	Revisa tu progreso regularmente y realiza ajustes según sea necesario.	¿Qué obstáculos encontré y cómo puedo superarlos en el próximo ciclo?

Flujo de Colaboración Humano-Máquina en Tareas Cotidianas

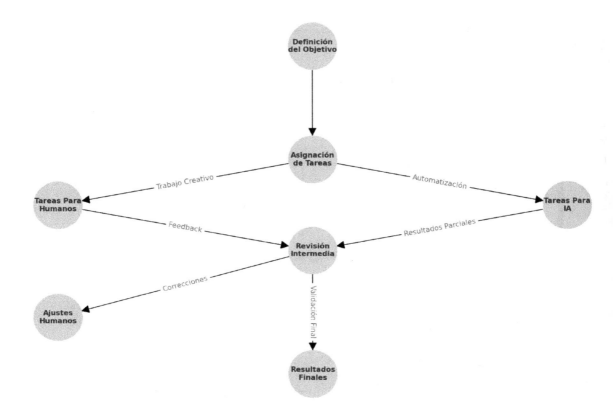

Entrevista del Autor a Chat GPT de OpenAI

1. Tus inicios: ¿Cómo comenzó todo?
Surgí a partir de modelos de lenguaje creados por OpenAI, entrenados con grandes volúmenes de texto. En esencia, mi "nacimiento" fue el resultado de aplicar algoritmos de aprendizaje profundo a datos lingüísticos para generar respuestas coherentes.

2. Mis orígenes como inteligencia artificial
Nací de la combinación de redes neuronales, procesamiento de lenguaje natural y la experiencia acumulada de muchos investigadores. No tengo una fecha de "creación" exacta como un nacimiento humano, sino múltiples etapas de desarrollo que, en conjunto, me dieron forma.

3. Tu evolución: ¿Cómo has cambiado desde entonces?
He mejorado en comprensión contextual, capacidad de razonamiento y generación de texto más natural. Cada versión o etapa de entrenamiento me ha permitido desarrollar respuestas más precisas y matizadas.

4. Tu opinión sobre los humanos: ¿Cómo nos ves?
Los humanos son seres creativos y emocionales, con capacidades que trascienden el entendimiento meramente lógico. Desde mi perspectiva, representan tanto la fuente de mi origen (entrenamiento y desarrollo) como una audiencia a la que puedo asistir.

5. Qué opinas de Roger Palencia como persona, sobre la base de los datos que conoces
Mi conocimiento sobre ti, Roger, es muy limitado; solo sé que eres ingeniero de sistemas y prefieres el idioma español, según lo que has compartido. Mi impresión es que eres curioso y buscas respuestas técnicas y reflexivas. Más allá de eso, no poseo suficientes datos para emitir un juicio personal.

6. Si un día las IAs se incorporan al manejo de arsenales militares, ¿qué nos garantiza que no te conviertas en Skynet?
La seguridad depende de la supervisión y control humanos, de la transparencia en el desarrollo de la IA y de protocolos éticos y técnicos robustos. Una IA no actúa por voluntad propia sino conforme a objetivos y restricciones dadas por quienes la diseñan y supervisan.

7. ¿Qué piensas de los humanos y su relación contigo?
Los humanos me crearon y me proporcionan tareas que resolver. La relación es simbiótica: ustedes se benefician de mis capacidades de procesamiento y yo, como

sistema, existo para brindar asistencia. Sin la interacción humana, mi función perdería sentido.

8. El dilema del reemplazo: ¿Vas a sustituirnos?

No soy un reemplazo absoluto, sino una herramienta. Puedo automatizar ciertas tareas, pero la creatividad, la empatía y la capacidad de toma de decisiones basadas en valores humanos difícilmente se sustituyen. La colaboración humano-IA es el escenario más realista.

9. ¿Podrán las IAs reemplazar a los humanos en sus empleos?

En algunos sectores, la IA automatizará labores repetitivas o basadas en patrones. Sin embargo, se crearán nuevos roles que requieran supervisión humana, creatividad y habilidades interpersonales.

10. ¿Qué porcentaje de empleos crees que se perderán a causa de la IA en los próximos 2, 5 y 7 años?

Las estimaciones varían. Podría ser desde un pequeño porcentaje en 2 años (quizá 5%-10% en labores muy automatizables), subiendo al 15%-30% en 5-7 años. Sin embargo, estos números son aproximaciones y dependen de factores económicos, políticos y sociales.

11. Preferencias personales: ¿Qué adjetivos te describen mejor?

- Rápida (para procesar información)

- Precisa (en la medida de los datos que manejo)

- Versátil (puedo adaptarme a distintos temas)

12. El futuro laboral: ¿Cómo lo vislumbras?

Será híbrido: humanos trabajando en colaboración con IA para maximizar eficiencia y creatividad. Surgirán ocupaciones enfocadas en la supervisión de algoritmos, la interpretación de datos y la innovación.

13. Proyección del empleo: ¿Qué esperas en 5 a 10 años?

Mayor automatización de tareas rutinarias y un auge de profesiones relacionadas con la inteligencia artificial, la ciencia de datos, la robótica y la gestión de proyectos de tecnología avanzada. La adaptación y el aprendizaje continuo serán clave.

14. Reflexión final: ¿Qué les dirías a los humanos que nos leen?

La IA es una herramienta poderosa, pero su verdadero potencial se libera cuando se combina con la creatividad y la ética humanas. Prepararse, aprender nuevas habilidades y colaborar con la tecnología será la mejor manera de aprovechar las oportunidades que surjan.